マインドフル・
セルフ・
コンパッション

批判的な
内なる声を
克服する

Karen Bluth
カレン・ブルース

岩壁 茂［監訳］
浅田仁子［訳］

The self-compassionate teen :
Mindfulness and self-compassion skills
to conquer your critical inner voice

ψ
金剛出版

The self-compassionate teen
Copyright © 2020
by
Karen Bluth

Japanese translation rights arranged with
NEW HARBINGER PUBLICATIONS INC.
through Japan UNI Agency, Inc.

本書は，どこにでもいるすべてのティーンに捧げます。
本書を読むことで，
少しでも楽にティーン時代を過ごせますように。

謝　辞

　本書の完成を手助けしてくださった多くの方々に心より感謝いたします。

　まず，本書および私の仕事の多くは，クリス・ガーマーとクリスティン・ネフの研究を土台としている点に触れておきたいと思います。本書を含めたティーン向けのカリキュラム作成という私の仕事の多くは，おふたりが大人向けに開発した「マインドフル・セルフ・コンパッション」プログラムに基づいたものであり，本書に収めたエクササイズの多くは当プログラムに端を発しています。

　さらに，私の「メイキング・フレンズ・ウィズ・ユアセルフ：ティーンのためのマインドフル・セルフ・コンパッション・プログラム」の共同開発者であるロレーヌ・ホッブスにも深く感謝したいと思います。本書のエクササイズの一部は本プログラムより採用しています。

　スティーヴ・ヒックマンは，センター・フォア・マインドフル・セルフ・コンパッションのディレクターであり，彼もまた，ティーンのためのセルフ・コンパッションの舵取りにおいて，並々ならぬ責務を果たしてくださり，指導もしてくださいました。彼の叡智と限りない忍耐力，既存の枠に囚われない解決法を考えつく創造力には，深く敬服しております。

　セルフ・コンパッションの優れた教師であるローラ・プロクナウ・フリップスは，これまで私と共に40以上の講座を担当してきました。彼女には本書の草稿を多数読んでいただきました。というのも，彼女はセルフ・コンパッションの実践や指導のもつニュアンスを承知している上に，ティーン指導の経験が豊富で，そのフィードバックには測り知れない価値があるからです。

　シド・ウェストは，私たちの「メイキング・フレンズ・ウィズ・ユアセルフ」プログラムを受講しているティーンであり，もうひとりのティーンのネッ

ド・クービカと同じく，いくつかの章の初期草稿を読み，ティーンの観点から待望のフィードバックを提供してくださいました。セルフ・コンパッションの研究に通じている大学生のサンジャナ・シャシカント・ラオも初期の草稿にフィードバックを提供してくださいました。27歳になる私の娘マッケンジー・ジルは，複数の章を読み，「母さん，そんなこと言わないでよ。それじゃ，まるでベビーブーム世代だわ」などと，娘ならではの意見を出してくれました。そして，ラッセル・トーミーは，「LGBTQIA＋」[脚注]のティーンに関する研究およびプログラムの専門家としてコンパッションによる介入もしており，第9章について重要なフィードバックを提供してくださいました。

　私の担当編集者であるニュー・ハービンジャー社のテシリャ・ハナウアにも，とても感謝しています。テシリャは私にとって編集者以上の存在です。私は彼女のことを友人として信頼するようになりました。彼女の意見を大切にしていますし，彼女と過ごす時間を心から楽しんでいます。私には，本を書くとき何が重要かについて学んだことがあります。何よりも大切なのは，文章の作成技術を身につけることに加えて，自分のことを理解し，自分がわかってもらおうとしていることを理解してくれる人物を身近にもつということです。そういう人は，よく書けている点について教えてくれるだけではなく，さらに重要なこと，すなわち，うまく書けていない点についても教えてくれるので，著作をよりよいものにすることができます。テシリャはこれを実に見事にやってのけます。

　私の担当編集者のケイレブ・ベックウィスのフィードバックにも感謝しています。ケイレブは私の質問メールにいつも迅速に応答し，どう執筆を進めたらいいのかについて具体案を示し，この手の本の出版にまつわる課題や実

脚注 —— L−レズビアン（女性同性愛者），G−ゲイ（男性同性愛者），B−バイセクシュアル（両性愛者），T−トランスジェンダー（性自認と身体の性別が異なる人），Q−クエスチョン／クイア（同性愛や異性愛の枠にはまらない人，自分自身の性的指向や性自認についてはっきりと定義しない人），I−インターセックス（生物学的な性別が曖昧な人），A−アセクシュアル（性的魅力や欲求が少ない，もしくはまったくない人）。「＋」は，ほかにも多々あるという意味。

際の進め方の舵取りを，私がうまく行なっていけるよう手助けしてください
ました。

　とりわけ触れておきたいのは，私が成し遂げるどのような成功も，すべて
大切なパートナーのデイルのおかげであるということです。彼にしっかり支
えられているおかげで，私は自分の情熱を——ティーンがもう少し楽に青春
の旅をたどれるようにしたいという熱い思いを——追及しつづけられます。
デイルはいつも辛抱強く待ちつづけ，私が1章を書き上げ，「あと1通だけだ
から」と言ってメールを送り，パソコンから顔を上げると，やっとのことで，
「さて，夕飯には何を作ってあげたらいいのかな？」と私に訊くことができる
という日々を送ってきました。

　多くの方々が本書に役立つようにと骨を折り，力を発揮してくださいまし
た。そのおひとりおひとりに心の底から感謝いたします。

謝　辞　　vii

序

　今日の社会でティーンとして生きるのは，そう簡単なことではありません。ティーンには，半端ないストレスとプレッシャーがのしかかってきます。学校生活にも，卒業後の計画設計にも，仲間集団や友人や両親との関係にも，デートにも，自分はいったいどこにしっくり収まれるのだろうという思いにも，ストレスとプレッシャーはついて回ります。自分なりの生き方をしようとして，両親との衝突も経験しているかもしれません。こうしたストレスを抱えて生きることには悪影響がありますが，多くのティーンは，その苦痛や緊張にどう対処したらいいのか，わかっていません。そのため，やがて不安や抑うつ状態に苦しんだり，摂食障害や物質乱用や自傷など，不健康な対処法を使ったりするようになることもあるでしょう。

　思春期はいつの世でも生きづらいものですが，その生きづらさは次第に深刻になってきています。世の中には，ソーシャルメディアからの絶え間ない刺激，気候変動や校内乱射の懸念に加えて，自国や世界の政治情勢という問題もあります。こうした外的要因の背後には，脳と身体が急激に成長する，親との関係性が変化する，性的な生き物になるなどの内的要因もあります。このようなカオスの真っただ中では，変わらないものは多くないように感じられ，何もかもが不安定で当てにできないと感じられても無理はありません。

　そうして苦しみもがいているとき，自分の身に起きていることはコントロールできなくても，自分自身にどう対応するかは選択することができます。自分自身に冷たく当たり，自らを批判するのではなく，思いやりをこめて自分に優しくしようと決めるのです。自分自身を思いやるセルフ・コンパッションは安定したサポート源となり，私たちが人生の不完全な面に対処するのを手助けし，人間としての自分の不完全さを受け入れられるようにしてくれ

ix

ます。

コンパッション（compassion）は，ラテン語で「苦しむ」という意味の pati（「受難」という意味のpassionを思ってください）と，「共に／一緒に」という意味のcomから来ています。苦しみもがいているときには，他者とつながっていることを感じながら気づかいをこめて自分自身の痛みに向き合い，誰もがその人なりの形でもがいていることを思い出すのです。今起きていることがなんであれ，セルフ・コンパッションがあれば，あなたはあなた自身にとって，愛にあふれた信頼のおける友になることができます。何が起きようとも，それに取り組む自分を支え，励ます存在になることができます。自分を取り巻く全世界が崩壊していくように感じられ，これなら大丈夫と思えることを何ひとつできないような，どうにもならない日々にも，セルフ・コンパッションには頼ることができます。一心に自分を思ってくれる友が自分の中にいるとわかっているからです。当てにできる人が必ずいてくれるとわかっているのは，なんと心強いことでしょう！

私はセルフ・コンパッションの恩恵の研究に心血を注いでいます。セルフ・コンパッションが役立つことは，2,500件以上の研究からわかっています。セルフ・コンパッションにあふれている人ほど，経験するストレスや不安や抑うつが少なく，幸福度や人生の満足度が高く，困難に直面したときの強さやレジリエンスに優れています。また，人間関係では人に与えようとする傾向が強く，やる気があり，責任感が強く，身体が丈夫で，自分自身のケアが行き届いています。研究知見が明らかにしているところによれば，セルフ・コンパッションは，大人に役立つのと同じくらい，ティーンにも役立ちます。

カレン・ブルース博士の本書は，日常生活に取り入れられるセルフ・コンパッションのツールを紹介しています。セルフ・コンパッションを活用できるのは，たとえば，ソーシャルメディア上で独りぼっちだと感じているとき，成績関連のストレスを感じたり仲間集団のプレッシャーを受けたりしているとき，自分の 性的嗜好 や 性自認 を克服するときなどです。私はクリス・ガーマーと大人向けの「マインドフル・セルフ・コンパッション」プログラムを開発しましたが，ブルース博士は，このプログラムのティーン

版「メイキング・フレンズ・ウィズ・ユアセルフ」（自分と友だちになろう）の考案者のひとりです。本書に収められた実習やエクササイズには，大人向けプログラムから採用したものもあれば，ティーン向けプログラムから引いたものもあります。全く新しい実習も取り入れられています。それらはどれも，おもしろい上に簡単に実行でき，高度の知識や経験はまったく必要ありません。

　本書にある実習の多くがすばらしいのは，あなたがどこにいようとも，苦しみもがいているまさにそのとき，その出先で実行に移せるという点です。セルフ・コンパッションの練習をもっと深めて強化したいと思うのであれば，長めのガイド付き瞑想も掲載しているので，活用してください。形式に則ったこうしたガイド付き瞑想は，毎日きちんと数分かけて練習するといいでしょう。ニュー・ハービンジャー社のウェブサイトでダウンロードできる音声ガイドにアクセスし，それを流しながら実習やエクササイズを行なうこともできます。

　私もティーンのときにセルフ・コンパッションについて知ることができていたら，どんなにかよかったのにと思います。今，自分自身の親友になる習慣をつけはじめれば，あなたは生涯頼りにできるこのリソースを手に入れることになります。心理的にであれ，情動的にであれ，身体的にであれ，傷ついているときにはいつでも，そのリソースに頼ることができます。さあ，スタートを切るときですよ。あなたは今，その手にツールボックスをもっています。あとはページを繰るだけです！

クリスティン・ネフ
「マインドフル・セルフ・コンパッション」プログラムの共同開発者
『マインドフル・セルフ・コンパッション・ワークブック』
（邦訳：星和書店）の共著者

監訳者まえがき

　本書は，「ティーンのための」という原題のように思春期の子どもとも大人とも言えないような成長の一時期にある若者に向けられています。ティーンだけでなく，ティーンと接する保護者や教員，対人援助職の人たちにとっても役立つアイデアがとても多く詰まった一冊です。

　思春期という人生の一時期は，人が子どもから大人へと変化する激動の時期です。まず，自分の内側も外側も大きく変わっていきます。身体や脳が大きく成長していきますし，それにともなって，本人も周囲の人もはっきりと目でみてわかるほどの変化があちこちに起こってきます。たとえば，一年前に撮った写真に映る自分の姿と今の姿を比べるとすっかり変わっていることに驚かされるかもしれません。それは「大人っぽくなった」「すらっとした」「きりっとした」などといったようなうれしい変化かもしれません。もう一方で，今までなかったところに毛が生えたり，声が出にくくなったり（歌を歌いたくてもうまく音程が合わない），男性，または女性っぽい骨格に変わっていったり，体臭が気になったり，などあまり歓迎できないような変化もあるかもしれません。そんな変化が起こると，自分についてとても不快に感じて自分のことがイヤになったりすることもあるでしょう。

　思春期はこういった身体の変化に加えて，人との関係も変化していきます。それまでは，異性でも幼なじみであれば気軽に話したり遊んだりできたのに，妙に構えてしまったりすることもあります。また，親との関係も変わっていきます。もっと自分のプライベートな領域がほしくなり，親との距離ができ

xiii

てしまうかもしれません。またそれまでは親の言うことを素直に聞けていたけれど，それらと自分の欲求が異なり，親とのあいだに衝突することも増えるでしょう。

　思春期になると，思考の幅も深さも大きくなります。抽象的なことを考えたり，いろいろなことを比較したり，より複雑な思考が出来ることによって世の中の矛盾や不正にも憤りを感じることもあるかもしれません。それまでは，親や先生が言うことを疑問に思わず信じていられたのに，思春期になるころには，これらのことに反発を感じ，知らず知らずのうちに親と衝突することもあるでしょう。これらは，本人にとっても周囲の人にとっても心地良いものではないし，イヤに感じるかもしれません。しかし，自分の価値観を作っていくために必要なことであり，健康な発達の一部です。

　もう一つ大きな変化は感情です。感情の落ち着きとも大きく関わるホルモンも第二次成長期で大きく変わっていきます。そうすると気持ちが大きく揺さぶられたり，落ち着かなかったり，ちょっとしたことが気になって頭から離れなかったりということも次第に増えてしまいます。これらは，一生ずっと続くわけではありません。しかし，この時期には，気持ちがうまく調整できずに，悩む人も少なくありません。

　本書は，そんな内側からも大きく変化し，外側の大きな変化にも対応しなければならないような若者に向けられ，その心理的成長と健康を高めるためのお手伝いをすることを目的として書かれています。

　セルフコンパッションという言葉はあまり聞き慣れないかもしれません。心理学では，うつ，気分の落ち込みや不安，恥などといったマイナスの感情を変えたり，それらに対する予防としてとても効果的であることが分かっています。筆者もカウンセリングに取り組むなかで，多くの人たちにとってセルフコンパッションを高めていくことが，心理的問題を解決するためにいかに重要なのかということを学んできました。

　思春期のティーンが体験しやすくとても「イヤな」感情の一つは，恥です。自分は人より劣っている，かっこ悪い，かわいくない，背が低い，太っている，など自分のことを否定的にみるときに起こる感情です。恥は一瞬にして

xiv

起こり，とても不快な感覚が起こります。人といるときであれば，目を合わせられなくなり，あたふたしてしまうかもしれません。赤っ恥をかくというように，とても恥ずかしいときは顔が真っ赤になります。

　もう一つの感情は，孤独感です。孤独感は，人とつながりたいのにつながれないときに起こる感情です。自分のことを分かってくれる人がいない。本当に自分が感じていることを話せる相手がいない。周囲に誰かがいつもいるのに孤独感を覚えることもあります。たとえば，学校に行けばクラスメートに囲まれているし，他の人からは，友だちが多いように見える。でも本当に自分が感じていること，悩んでいることはなかなか話せないと感じていれば，孤独感が起こるでしょう。ときにそれは友だちを心底信頼できないことから起こります。たとえば，自分が秘密を打ち明けたら誰かにこっそりと漏らしてしまうかもしれないからとか，いうこともあるかもしれません。それだけでなく，他の人に話したこともない自分の気持ちや悩みを言葉にするのは簡単ではないからです。

　周囲の人たちが楽しそうにしている声を聞くと自分だけ蚊帳の外というか，そこに入れないことで，孤立しているような，愉しめていないような気持ちになったりします。SNSのX（旧ツイッター）やインスタに友だちたちが楽しんでいる投稿が上がると，自分だけ取り残されているように感じるかもしれない。そうすると自分には魅力がないから，面白くないから，だれも振り向いてくれないと恥の気持ちも強くなるかもしれません。

　セルフコンパッションは，こんな思春期のネガティブな気持ちに動かされやすい心理にとても役に立つ考え方と心の持ち方です。「こんなネガティブな気持ちはなかったらいいのに」と思う読者もいるでしょう。心理的に強くなったら，こんな気持ちをもたなくなれると思うかもしれません。様々な研究からわかっていることは，これらの気持ちを避けたり，ないことにして無視するよりも，「人間だから誰にでもあること」と認められること，そしてスポ根ものの，コーチや監督のように，自分に厳しくしたり，さらに追い込むような言葉をかけるよりも，優しさを向けることによって，そのようなつらい気持を乗り越える力が養われるのです。

監訳者まえがき　xv

本書は，ソーシャルネットワークとの付き合い方，厄介な対人関係，自己イメージと和解するなど，思春期のティーンのよくある悩みにぴったりと合った章が見つかるのも特徴です。また，9章には，LGBTQIA+ という章があります。性についてはほとんどのティーンが疑問にもったり悩んだりすることですが，相談できなかったり，どう捉えてよいかわからず一人で悩んだりすることも多くあります。自分が，LGBTQIA+ だからということだけでなく，このようなジェンダーについての考え方について知ることで，自分の特徴や好みなどを否定することなく，自分の道を進むことがいかに勇気があり，どんなに素晴らしいことなのか感じられることでしょう。

　最後に翻訳者の浅田仁子さんに感謝をいたします。読者が，ティーンであるということを常に配慮し，心理学の研究や脳の仕組みに関する記述もわかりやすく，そして読者の気持ちに訴えかける表現を使って訳してくださいました。一文ずつとても丁寧に訳されているのが本文を読むと伝わってきます。
　本書は，是非，スクールカウンセラーとしてティーンと接する臨床家の方やティーンの子をもつ親や教師の方にも手に取ってもらいたい一冊です。ティーンが経験する様々な困難について理解し，彼らにどんな声かけをしたらよいのかということについて理解できるでしょう。そして，ティーンとしっかりつながり，成長を支えるのを手伝ってくれるはずです。

2024年9月

岩壁 茂

目　次

謝　辞 ⋯⋯⋯⋯⋯⋯⋯⋯⋯⋯⋯⋯⋯⋯⋯⋯⋯⋯⋯⋯⋯⋯⋯⋯⋯⋯⋯⋯ v
序 ⋯⋯⋯⋯⋯⋯⋯⋯⋯⋯⋯⋯⋯⋯⋯⋯⋯⋯⋯ クリスティン・ネフ ix
監訳者まえがき ⋯⋯⋯⋯⋯⋯⋯⋯⋯⋯⋯⋯⋯⋯⋯⋯⋯⋯ 岩壁 茂 xiii

はじめに

内なる批評家には，身を引いてもらおう
こんにちは，セルフ・コンパッション！

⋯⋯⋯⋯⋯⋯⋯⋯⋯⋯⋯⋯⋯⋯⋯⋯⋯⋯⋯⋯⋯⋯⋯⋯⋯ 3

内なる批評家を静かにさせる　4
ところで，セルフ・コンパッションって？　4
私について　6
本書のあらまし　7

第 1 章

マインドフルネス
自分自身の本当の声を聞く

⋯⋯⋯⋯⋯⋯⋯⋯⋯⋯⋯⋯⋯⋯⋯⋯⋯⋯ 9

注意を払うと，何が起きる？　11
心は仕事をしている　14

さまよう心が生む問題　15

解決方法：自分自身の本当の声を聞く　16

まとめ　22

第2章

共通の人間性
あなたは独りぼっちじゃない！
.... 23

共通の人間性とは？　24

共通の人間性はなぜそれほど重要なのか？　25

中核的価値観——誰もがもっているもの　29

まとめ　35

第3章

自己への優しさ
親しい友人に接するように，自分自身に接する
.... 37

内なる批評家に対応する　39

自分の本当の声が語る言葉を使って練習する　43

あなたは既に，自己に優しくする行動を取っているかもしれない　48

まとめ　50

第4章

ささやかなことの中に驚嘆を見つける
.... 51

驚嘆とネガティビティ・バイアス　51

驚嘆の見つけ方　53

まとめ　63

第5章

学校のストレス
そんなものに負けなくていい
.... 65

他者からのプレッシャー　66

最善を尽しても，期待どおりになれない　67

失敗を怖れる　71

まとめ　80

第6章

ソーシャルメディア
自他の比較をやめる方法
.... 81

「比較は喜びの盗人である」──セオドア・ルーズベルト　83

所属の必要性　84

スマホから離れる……ほんのわずかな時間でも　88

ソーシャルメディアは，コントロールされる前にコントロールする　90

自分自身に優しくする　96

まとめ　96

第7章

厄介な人間関係に対処する
.... 99

脳に生じる変化　100

怒りに対処する　105

親との関係　109

まとめ　114

第8章

自己イメージと和解する

················ 117

有害な男らしさ　118
自分自身を抱きしめる　120
身体に抵抗する　127
また会ったね，内なる批評家さん　129
まとめ　134

第9章

「LGBTQIA＋」というアイデンティティの舵取り

················ 135

中核にある否定的な信念　144
どうすれば中核にある否定的な信念を信じないようになれるのか　146
まとめ　149

まとめのまとめ ················ 151
参考文献 ················ 155
著者＆「序」執筆者の紹介 ················ 157

マインドフル・セルフ・コンパッション
批判的な内なる声を克服する

はじめに

内なる批評家には，身を引いてもらおう
こんにちは，セルフ・コンパッション！

　当ててみましょうか？　あなたは今，自分はまだまだだと感じていますね。「頭，悪っ！」，「こんなじゃ，たくましいって言えない」，「いまいち，かわいくない」，「『男らしい男』にはほど遠い」などと感じていることでしょう。ほかのみんなの方が自分よりずっとすごい気がしています。そして，どんなに頑張ったところで——どうも少々……**決まりが悪い**感じです。居心地がよくありません。さらに，そのことがみんなにばれているような気もします。

　絶えず聞こえるその声から，たまには解放されることもありますが，その批判的な声はまた始まり……あなたを放っておくことがありません。いつも耳元で，ぐちぐちと早口で小言を並べ，おまえはまだまだだ，もっと結果を出せと言いつづけます。そして，あなたのそうした欠点は，どれもこれも巨大な電球のようにギラギラと光を放ち，この宇宙で怖ろしく目立っています。

　いらっしゃい！　人間が人間らしくある世界にようこそ！　はっきり言いましょう。あなたは独りぼっちじゃありません。私たちは誰もがその声を心の内に抱えています。それは**特に**ティーンに顕著です。私たちはティーン時代に，「メタ認知」と呼ばれるものを発達させます。メタ認知とは，考えていることについて考えるということです。また，友人などの他者が自分について考えていることについて考えられるということでもあります。友人の考えていることは実際とても重要です。というのも，発達の観点から言えば，自分が属するべき仲間集団を見つけ，最終的にはそこでパートナーを見つけて

3

種を存続させなくてはならないからです。所属したいというこの根本的な衝動は，私たちの生態の深奥に埋め込まれているため，所属を脅かすことはなんであれ，非常に危険なものとして体験する可能性があります。

というわけで，最初の秘密をお話しします。「その声」とは？　それは真実の声ではありません。たとえ真実を装っているとしても，真実ではありません。真実に近くもありません。それは内なる批評家の声であり，ある理由があって——ときにはよい理由のこともあり——いつも存在していますが，そうして存在するのは，真実を語るためではありません。

内なる批評家を静かにさせる

本書では，その内なる批評家をどうしたら静かにさせられるかを明らかにしていきます。しつこくうるさいその声をささやき声にする方法，場合によっては完全に消し去ってさえしまう方法をお話しします。あなたの予想とは異なり，大型のハンマーで頭を叩くだけでは——そうしたくなるのはわかりますが——それは叶いません。練習が必要ですし，新しいスキルを学び，それらに効果があると信じる勇気も必要です。そののちに，さらにもっともっと練習することも必要です。

内なる批評家を静かにさせられるようになるには，セルフ・コンパッションというスキルを活用します。セルフ・コンパッションは内なる批評家と**連携**して働くので，それは小さく弱くなっていき，ときにはどこへともなく消えてしまったかのように思えることもあります。

ところで, セルフ・コンパッションって？

セルフ・コンパッションと言うとき，私たちは何について話しているのでしょう？　セルフ・コンパッションとは，つらい思いをしているときや最悪の気分になるようなことが起きたときに，自分自身に優しくすることです。

コンパッション，つまり思いやりですが，これがどういうものかはわかっ

ていますよね。しょっちゅう耳にしているはずです。他者に対して——特に
その人が苦しみもがいているとき——優しく接し，その人を気づかうことで
す。したがって，セルフ・コンパッションとは，その優しさや気づかいを自
分自身に向けるということです。そう，こう言うと，なんだか自分勝手や自
分を甘やかすことみたいに思えるかもしれません。でも，信頼してもらって
大丈夫です。研究からわかっていることですが，自分に対して今までより優
しくするようになると，他者に対して優しくするのもうまくなります。与え
るものが増えるからです。

　人は，頑張って目標を達成するには自分を責め立てなくてはならないと考
えます。けれども，研究はこれが本当ではないことを明らかにしています。
実は，私たちは自分に対して優しいときの方が頑張ります。失敗しても，自
分が自分に不快なことは言わないとわかっていれば，思い切ったことをした
り，創造的になったり，新しいことを試したりする可能性が高まります。自
分に優しくすると，実際，やる気が**高まる**のです。さらに，コンパッション
には限界がありません。自分自身にコンパッションを多く向けたからという
だけで，他者に与えるコンパッションが減ることにはなりません。完全にそ
の逆です。それに，もうひとつ——私たちの大半は，つらい思いをしている
友人に対して，つらい思いをしている自分自身に対してよりも優しく接しま
す。ですから，もしあなたもそうなら，あなたは独りぼっちではありません。

　セルフ・コンパッションには，3つの要素があります。マインドフルネス，
共通の人間性，自己への優しさの3つです。マインドフルネスとは，今起き
ていること——自分の気持ち，身体の感覚，思考——に，今，注意を払うこ
とです。これは，バランスの取れたものの見方をして，思いどおりにことが
運んでいないときに取り乱さないということでもあります。何が起きていよ
うとも，それが永遠に続くことはないとわかっているからです。共通の人間
性とは，今経験していることは，単に人間ならではのことであり，誰もが経
験することだと理解することです。そして，自己への優しさは，文字どおり，
自分に優しくすること，それも特に，優しさをもっとも必要としているとき
にそうすることです。

はじめに　内なる批評家には，身を引いてもらおう　　5

心配は要りません。これらについては，後続の章でもっと詳しく説明します。あなたが本書で学ぶさまざまなスキルは，これら三要素のひとつ，もしくはふたつ，あるいは，3つ全部に焦点を絞っています。それらのスキルは，例のうるさい内なる批評家への対処だけでなく，ティーンとして日々出くわす厄介な状況への対処にも役立ちます。

私について

先に進む前に，皆さんは私のことを，いくらかは知りたいと思っているのではないでしょうか。私は研究者で，大学の教授です。セルフ・コンパッションがティーンのストレス処理にどう役立つかを研究しています。私が疑問に思うのは，たとえば，ティーンの場合，セルフ・コンパッションの度合いが高まると，何が起きるのか，セルフ・コンパッションの度合いが劣ると，どのように傷つくのか，ティーンにセルフ・コンパッションをもっともってもらうにはどうしたらいいのかといったことです。ですから，研究を行なって，こうした疑問に答えようとしています。

私が同僚のロレーヌ・ホッブスと共に採用したのは，クリスティン・ネフ博士とクリス・ガーマー博士が創始した大人向けのセルフ・コンパッション・プログラムで，私たちはそれをティーン向けにもっと面白いものにしようと考えました。ティーン向けのプログラムは，「メイキング・フレンズ・ウィズ・ユアセルフ（自分と友だちになる）──ティーンのためのマインドフル・セルフ・コンパッション・プログラム」という名前です（私たちはMaking Friends with Yourselfを短縮して「MFY」と呼んでいます）。私たちはこのプログラムに関する論文を数本発表し，これがティーンのストレスを軽減すること──ケースによっては，不安や抑うつ状態も軽減すること──を明らかにしています。このプログラムは，学校の教室でも活用できます。

ほかにも世界のあちこちで，数多くの研究者がこのプログラム（MFY）について調べていますし，今後，そうした研究はさらに増えていくことでしょう。本書に収めた数多くの実習とエクササイズは，大人向けの「マインドフ

ル・セルフ・コンパッション」プログラムと，ティーン向け「メイキング・
フレンズ・ウィズ・ユアセルフ」プログラムから採用したものです。数年前
に出版された自著『ティーンのためのセルフ・コンパッション・ワークブッ
ク』（邦訳：金剛出版）でも，ティーン向けにマインドフルネスとセルフ・コ
ンパッションのスキルを提供していますが，本書はさらに一歩進んだものに
なっています。つまり，ティーンが日々直面するストレッサー──学校，ソー
シャルメディア，自己イメージ，性自認や性的嗜好に関する問題など──に
対処するとき，そうしたスキルをどう活用できるかを示すことによって，そ
れぞれのスキルをすぐにも使えるようにしているのです。

本書のあらまし

　前半では，セルフ・コンパッションがどういうものであるかをまず説明し，
つづいて，内なる批評家を静かにさせて自分自身の本当の声を強化するため
に，これをどう役立てられるかを説明しています。ここを読めば，ティーン
に付きものの一般的なストレスや「自分は不十分だ」という気持ちに対処す
る力をつけることができます。後半では，たいていのティーンが一度や二度
は必ず直面する具体的なストレッサーにどう取り組めばいいのか，そして，
セルフ・コンパッションを日常生活の中で実践するにはどうしたらいいのか
を説明しています。

　本書では，セルフ・コンパッションの実習は，形式に則ったものも，形式
ばらないものも取り上げています。形式に則ったものは，毎日少し時間（5
分か10分ほど）をかけ，腰を下ろしてガイド付きの瞑想やエクササイズを行
ないます。形式ばらないものは，「まさにそのとき」に行なうものであり，動
揺の原因になるような何かが起きたとき，その場で即座に取り組むことがで
きるものです。ほんの1～2分しかかかりません。これらを練習することで，
自分自身に優しくするという行為を，身をもって経験することができ，のち
に必要になったときにどうしたらいいかを知ることができます。

　では早速，セルフ・コンパッションについて，そして，それが内なる批評

家の声を小さくすることに役立つだけでなく，人生でもっと自分を活かし，さらによい結果を出していくことにもどう役立つかについて，学びはじめましょう。

第1章

マインドフルネス
自分自身の本当の声を聞く

　マインドフルネスについては，たぶん聞いたことがあるでしょう。最近では，メディアでもかなり取り上げられていますし，マインドフルネス用のスマホ・アプリもたくさん出ていて，ガイド付き瞑想から眠りを誘う音楽まで，あらゆるものが提供されています。簡単に言えば，マインドフルネスとは，まさに今この瞬間に起きていることに，好奇心と関心をもって注意を向けることです。自分は今そう感じているんだと，そのさなかに気づくということです。

　これはセルフ・コンパッションのもっとも重要な要因です。というのも，自分自身に優しくするには，今自分が感じていることを知らなくてはならないからです。怒りの感情，傷ついた気持ち，自分はまだまだだと思う気持ちなど——今感じていることすべてに気づいている必要があります。湧き上がってくるすべて——その時々の感情，思考，身体感覚すべて——に心を開くのです。

　重要なことですが，これは，科学者がするように外側から観察して，あらゆることに気づくという意味です。たとえば，たぶん怒りが噴き出したら，それに気づくでしょう。そうしたら，「ん，これは怒りだ。なんて強烈な感情なんだ！　いきなり襲ってきて，全部乗っ取ってしまおうって感じじゃないか」と思うかもしれません。あるいは，「まったくもう，あの歴史のプレゼン，全然ダメだったじゃない。なんでもっと練習しておかなかったの？　クラスみんなの前で大バカさらして」などと考えて，自分を批判するかもしれ

9

ません。そういったことに気づくという意味になることもあるでしょう。

　あなたは今，思っているかもしれません。「マジか。大学の出願で頭がおかしくなりそうだし，SAT（大学進学適正試験）だってこれからだ──自分がどれだけ不安なのかに気づいて，それがどう助けになるんだ？　もっとおかしくなりそうだよ！」

　ティーンが大学に入るために作成しなくてはならない大量の出願書や，ティーンに今のしかかっている成績関連のとんでもないプレッシャーは，不安や抑うつ状態を山ほど生み出しますが，これらに関して，私たちにできることはあまりありません。そうなんです，社会や教育システムはこの巨大な問題に取り組む必要があります。でも，何かが変わるまで，マインドフルネスは助けになりえます。どうしたらいいのかを，これから説明しましょう。

ドミニクの場合

　ドミニクは大都市の公立高校3年生で，去年，学校主催のマインドフルネス講座を受けました。彼は今，毎日10分から15分ほどマインドフルネスを実践していて，おかげで，ストレスでひどく参ることがなくなっていると実感しています。たとえば，どの課題も，いっときにひとつずつ取り組むようにしているので，パニックになったり不安でたまらなくなったりはしません。まず，ある大学の出願書を作成し，つづいて，次の大学の出願書を作成したら，その翌週はSAT（大学進学適正試験）の勉強に当てるというようにしているのです。

　ドミニクは，日々の課題をこなしていく中で，感情を大きく揺さぶられることはほとんどありません。これは，彼がまったく不安にならないということではなく──誰しもときには不安になるものです──健全な方法でストレスを管理できるようになっているということです。

　不安が忍び寄ってくると，心臓が早鐘を打ちはじめ，呼吸が速くなることに，彼は気づいています。ですから，そうなった時点で，できるときには必ず立ち止まり，これらの感覚にただ注目します。それらを観察する部

外者のようになって注目するのです。

　まず，自分の不安な思いに注意を払います。「こんなにある出願書，作成し終わるんだろうか？　大学に入れなかったら，ぼくはどうなる？」というような思いです。でも，彼は，誰もがそうであるように，選ぶことができます。こうした否定的な考えにはまり，それらに取り憑かれた状態になることもできれば，ただその思いが通り過ぎていくままにすることもできるのです。ドミニクは後者を選ぶことを学びました。そうした思いが浮かぶと，彼はただ，それらに注意を向けるだけで，それらが流れ去っていくままにしておきます。それはちょうど，空を漂う雲を眺めているような感じです。彼には，自分の考えが事実でないこと——そう考えたからと言って，その考えが真実だということにはならないこと——がわかっています。それは，彼の一部分（パート）が怯えていることを表しているに過ぎないのです。

　不安な考えが浮かぶたびに，ドミニクは自分のアンカー（碇（いかり）），すなわち，床に触れている両足の物理的感覚に戻ります。そのようにして，不安な思いに押し流されたり，それらに自分をコントロールさせたりしないようにすることで，そのパワーを取り除いています。

　ドミニクはこのような注目の仕方をすることによって，最小限の不安と恐れは感じながらも，とても楽な気持ちで生活を送るようになり，眼前に山積する勉強課題に取り組むエネルギーを，ますます蓄えつつあります。

注意を払うと，何が起きる？

　自分の思考や感情，身体に生じている感覚に注意を払っていると，興味深いことにいくつか気づきます。たとえば，私たちの心がどのような感じで頻繁にさまよいうろつくかということですが，これはしばしば，マインドフルネスを実践しはじめたとき最初に気づくことのひとつです。私たちは分刻みでものを考えているのかもしれません。あることを考えていると思ったら，1分後には別のことを考え，それはまた別の考えに進展し，さらに，すっかり違う考えに移っていくという具合なのでしょう。私たちの心は，人生の特定

第1章　マインドフルネス　11

の状況に囚われたり，それについて反芻（繰り返し考えてしまうこと）したりする傾向があります。それはまるで，映画の同じ短い場面を何度も繰り返し上映しているかのようです。

マインドフルネスの実習では，心がさまよいはじめたときに気づくことや，それに気づいたら，注意をそっと今ここにあるもの——思考や感情や身体感覚——に戻すことを教わります。今という瞬間に注意を留めておくことができるようになると，これまでより楽に自分の本当の声を聞けるようになり，心の中でぐるぐる回っている怖れや不安に気を取られにくくなります。

心がさまよいうろつくことについて，もう少し調べられるかを確認するために，マインドフルな呼吸を練習してみましょう。

実習

マインドフルな呼吸……少し思いやり（コンパッション）をこめて

この瞑想の音声ガイドは，
http://www.newharbinger.com/45274 でダウンロードできます。

この瞑想は，形式ばらずに——ストレスを感じていることに気づいたらその場ですぐ——行なうこともできますし，数分きちんと時間を取り，形式に則って行なうこともできます。いずれのやり方でも，効果があります。

まず，楽な気持ちで腰を下していることができ，邪魔の入らない場所を見つけてください。それができたら，さあ，目を閉じましょう。

- 自分の呼吸に簡単に気づける身体の部位を見つけましょう。たとえば，空気が通る鼻孔の内側，くちびる，息を吐き出すときの鼻先，胸の上下動などです。ほかにも，胸郭のすぐ下にある横隔膜の動きもいいでしょう。横隔膜も呼吸するたびに上下します。
- では，息を吸い込み，吐き出しながら，ひたすら呼吸を感じてくだ

さい。息を吸い込みはじめたときから吐き切るまでの、ひと呼吸の長さに気づきましょう。息を吸い切ったとき、吐きはじめる前にちょっとした中断があり、息を吐き切ったとき、再び吸いはじめる前にちょっとした中断があることにも気づくかもしれません。

- ひと呼吸、終わったら、次の呼吸をします。それが終わったら、また次の呼吸をします。

- ある時点で、心がさまよいはじめ、何かを考えていることに気づくでしょう。それは、学校で予定されている行事のことや友だちとの間に起きていることかもしれません。あるいは、家に帰ったら何をしようかなというような、取り留めのないことかもしれません。

- なんの問題もありません。これは実習の一部です。そのまま、注意を呼吸にそっと戻しましょう。

- あなたは、吸い込む息が自分に栄養を与え、肺に続いて心臓にまで酸素を送り届け、酸素を含んだ血液を全身の細胞に送り届けているのを感じるかもしれません。あなたが吸い込んだ息はあなたのケアをしてくれています。それがどのように体内に入り、肺を満たし、心臓に移動したのちに、全身をめぐり、手足の指先にまで行き着くのかを、あなたは想像するかもしれません。

- 息を吐いているときは——呼気は吸気より少し長めにする方が役立ちます——身体がどうリラックスするかに注目しましょう。おなかは広がり、肩は下がり、胸は少し沈み込みます。身体が椅子に少し沈み込むことに気づくかもしれません。

- 考えごとをしていることに気づいたら、その都度、自分を叱ることなく（叱る必要はありません）、注意を呼吸にそっと戻すだけで構いません。準備が整ったら、目をずっと閉じていた場合は開きます。

　はい、これだけです。とてもシンプルです。形式ばらないものとして、3回呼吸する間だけ、これを行なってもよいでしょうし、もう少し長く時間をかけ、手順に則って行なってもよいでしょう。

第1章　マインドフルネス　13

呼吸に注意を向けている間に，心がさまよいはじめたことに気づきましたか？　たぶん，気づいたはずです。心がさまよいはじめるのは，自分を傷つける可能性のあるものを探しているからです。そうすることによって，自分を守ることができ，不意を突かれずに済むからです。たとえば，自分の心が同じことに戻っていくことに気づくかもしれません。たぶん，提出期限が迫っていて気になっている宿題などは，そのよい例です。心は絶えず，あなたに宿題のことを思い出させようとし，それを忘れて落第点を取るようなことが決してないようにしようとします。心は警備員のようなもので，私たちが確実に安全でいられるよう，常に背景を調べています。

心は仕事をしている

心は，あることをするように配線されています。すべきことに備えさせることで，自らを守ろうとするということです。見張りに立ち，その状況の万一の再来に自分を備えさせるのです。次にそうなったら，完璧に受け答えしよう，次にそうなったら，ちゃんと話を聞いてもらっていないとか，安全ではないといった気持ちが残らないようにしようと思うのです。

例を挙げましょう。あなたは今，学校の廊下を歩いています。人気者の一団が階段のそばにたむろしていて，あなたが通りかかると，あなたを見てから顔を見合わせ，笑いはじめました。あなたはなんと言ったらいいのかわかりません。何が起きているのか，わからないからです。だから，ただ急いでその場を通りすぎるしかありません。

あなたの頭の中では何が起きていますか？　たぶん，自己防衛すべきだったと思いはじめているでしょう。あるいは，あの連中，何を言い合っていたんだろうと思っているかもしれません。当惑し，おそらく少しは恥ずかしくも思い，連中は自分の何について笑っていたんだろうと思っているかもしれません。服装のことだろうか？　何か私のうわさ話が広がっているのかな？顔に昼ご飯の食べかすがついていたのだろうか？

心は答えを探して――とりとめもなく――自分はどう対処すべきだったん

だろうか，次にはどのような別の対応ができるだろうかと考えています。次は，胸を張って立ち去れるようにしよう。そうすれば傷つくことはない。心は何度もこのあらすじの脚本に戻ってきます。自分を守るための方法を考え出そうと働いているからです。これが心の仕事です。生物学的に，私たちはそのように設定されているのです。

荒野をさすらい，狩りや採集をしながら暮らしている流浪の民を想像しましょう。自分を傷つけるかもしれない外界のあれこれ——たとえばエサを探しているクマ——を警戒しつづけなければ，自分がクマに食べられるかもしれません。自らに害を及ぼす可能性のあるものを警戒しつづけることによって，私たちは人間という種として生き残ってきたのです。残念ながら，現代社会では，身体よりも心を傷つけられる可能性が高くなっていて，この古（いにしえ）のシステムはあまり効果的には働きません。連中は廊下で何をささやいていたのだろうと，私たちはくよくよ考えて立往生します。

さまよう心が生む問題

くぐり抜けはしたけれども，いまだに理解に苦しんでいる経験について，そのストーリーを再生することには，どのような問題があるのでしょう？

ひとつは，過去に起きた出来事——もしくは，いつかまた起きるのではないかと心配している出来事——に関するストーリーで心がいっぱいになると，**今**起きていることに気づかないという点があります。心がお留守になっていると，今この瞬間に発生している特定の手がかりを見逃しやすくなります。それは，競り合っているバスケットの試合中，勝ちにつながる重要なゴールを決められなくなる可能性が高いということです。代数の試験で，xやyが何に等しいかを計算できなくなるということであり，ピアノの演奏で，指が次にどのようなパサージュに入っていくかをよく注意していないせいで，複雑なトリルをミスするかもしれないということです。

心がそうした厄介なシナリオを再訪することには，別の問題もあります。それは，研究からわかっていることですが，過去に起きた何事かをくよくよ

第1章　マインドフルネス　15

気にしていると，落ち込みやすくなるという点です。そして，未来について心配していると，不安が強くなる傾向もあります。つまり，心は，私たちの生存を手助けするよう生物学的態勢を整えてはいますが，必ずしも，私たちが幸せになるのを助けるようにはできていないということです。

　その上，頭の中のあの騒音——例のあらゆる反芻や心配——のせいで，自分の本当の声が聞こえなくなります。私たち人間の中核の深奥にあるその声は，私たちのことをよく理解していて，私たちにとって何がベストかをよくわかっています。私たちを全面的かつ無条件に愛しています。ところが，この声は非常に賢明ですが，ときに他のあらゆる声に紛れて聞き取りにくくなります。そうした他の声——反芻する声や心配する声，内なる批評家の声——はひどくやかましいことがよくあります。自分自身の本当の声を聞くためには，他の声を静かにさせなくてはいけません。

解決方法：自分自身の本当の声を聞く

　では，どうすればいいのでしょう？　ひとつは，過去や未来に留まらない練習をすることです。ここは，マインドフルネスの出番です。

　マインドフルネスは，今という瞬間に起きていることと共にここにいるにはどうしたらいいかを教えてくれます。心が過去や未来に関する考えだらけのプールで泳いでいる状態をよしとするのではなく，まさに今この瞬間に感じていることに集中します。これは，ドミニクが本章の冒頭でしていたことです。彼は，恐ろしい「もし〜だったらどうしよう」を手放し，その瞬間に起きていること——部屋の音，自分の呼吸，身体に生じている感覚——に注意を向けていました。そうすることで，彼は自分が必要としているものを自分に与えられる場所にいました。たとえば，自己批判的になっているとき，ドミニクは自分自身にセルフ・コンパッションを与えることができました。

　これを実践するのは，実はとても簡単です。身体に生じている感覚——その瞬間に必ず生じているもの——に焦点を絞ります。たとえば，床に触れている足の感覚に注目します。息を吸ったり吐いたりする呼吸でもいいでしょ

う。手に握っているものの感じ，互いに触れ合っているくちびるの感覚，ほかにも身体に生じる感覚はたくさんあります。本当に，身体に生じている感覚なら，どんなものでも大丈夫です。

　以下に挙げたマインドフルネスのふたつのエクササイズは，どこにいても実行できるものです。心配や反芻や内なる批評家の声を追い出すのに役立ち，自分の穏やかではっきりした声が通るようになります。

　最初の例は「足の裏」と呼ばれるもので，これを練習できるのは，ニーブ・ヘイ・シン博士のおかげです。博士は2003年に発表した論文でこれを取り上げ，私たちはそれに注目しました。「マインドフル・セルフ・コンパッション」プログラムでは，それを少し変えたものを用い，ここでは，さらに少々変えています。

エクササイズ

足の裏

このエクササイズの音声ガイドは，
http://www.newharbinger.com/45274でダウンロードできます。

　これは，素足か靴下で行なうのが一番です。靴を履いたままやっても大丈夫ですが，ある時点ではやはり脱いでやってみましょう。心がフラフラとさまよいはじめたら，ただ足の裏の感覚に戻るだけです。

- まず立ち上がり，そのままただ立っているときの自分の身体の感覚に注意を向けます。足にかかる体重に気づき，空間にある自分の身体の感じに気づきましょう。
- 次に，床に触れている足の裏の感覚に注意を向けます。床は硬く感じますか？　少しふかふかしていますか？　足の裏は温かい感じですか？　冷たい感じですか？　ほかには，どのような感覚に気づいていますか？

第1章　マインドフルネス　17

- ほんの2～3センチ，身体を前に揺らしましょう。何に気づきましたか？　足の裏にはどのような変化がありましたか？
- では，身体をまっすぐに戻し，今度はほんの2～3センチ，身体をうしろに傾けます。今度は何に気づきましたか？
- もう一度，身体をほんの少し前に傾けて，足の裏に何が起きているかに注目します。つづいてうしろに少し傾き，感覚の変化に注意を払います。これを，ゆっくり数回繰り返し，足の裏に何が起きているかに注意を払いましょう。
- 今度はほんの少し──2～3センチほど──左に身体を傾けましょう。足の裏の感覚がどう変化したかに注目します。
- 次に，右にほんの少し──2～3センチほど──身体を傾けます。ここでも，何が変化しているかに注目します。
- まず左に，次に右へと，わずかに身体を傾けながら，変化する感覚に気づいてください。
- 足の裏は，身体の他の部位に比べてこれだけ小さいのに，一日中全身を支えてくれています。あなたはそのことに気づくかもしれません。たぶん，少し時間を取って，自分のために働いてくれている足に感謝しようと思うことでしょう。さらに，足があることに感謝するかもしれません。すべての人に足があるわけではありませんから。
- さらにもう少し時間をかけ，そうして立った状態で自分の身体の重みを感じ取りましょう。そして，準備が整ったと感じたら，また腰を下ろしてください。

　足の裏など，身体に生じている感覚に集中していると，今という瞬間に焦点を絞っているため，ストレスや不安が減っていることに気づいたかもしれません。未来には，大学入試の心配などの不安が潜んでいますが，今に集中していれば，未来に心が飛び跳ねていくことはありません。今という瞬間に──できる限り──留まっていると，ストレスは減ります。

以下は，心を鎮めるのに役立つもうひとつのエクササイズです。これを練習することによって，ストレスを減らし，ありのままの自分であろうとする勇気をもてるようになります。もしあなたが，じっとしているのが苦手で，動くのが好きなタイプなら，このエクササイズが気に入るかもしれません。

エクササイズ

マインドフルな動き

このエクササイズの音声ガイドは，
http://www.newharbinger.com/45274 でダウンロードできます。

- まずまっすぐに立ち，両腕は力を抜いて体側に添えます。じっと立って動かずにいるとき，自分の身体がどう感じられるかに注意を払ってください。
- 次に，特別にゆっくり，自分にとって心地よい動かし方で，身体を動かします。動きながら，自分の筋肉に生じる感覚に注目してください。たとえば，両腕を上に伸ばそうとするとき，空に向かおうとする両腕はどのような感じかに気づきましょう。

　心地よくて楽しい動き方について，以下にいくつか提案します。そのいずれか，もしくは，すべてを試してみて，どれが一番好きかをチェックしましょう。

1．縫いぐるみ人形

　ウエストで身体をふたつ折りにし，両腕と頭と両肩を前に倒して，両手を床に近づけます。膝を曲げると，おなかは，両脚に触れるくらいの位置になります。手は，床に触れる必要はありません。ただダラリと伸ばしておくなり，それぞれの肘を反対の手で抱えるなり，しましょう。
　ただただ力を抜いて，身体をダラリとさせます。なんなら，前後もし

第1章　マインドフルネス　　19

くは左右に，少し身体を揺らしてもいいでしょう。

　次に，誰かがあなたのウエスト回りに紐をかけ，あなたの上方の天井近くで浮かんでいると思ってください。その人は，あなたのウエストにかけた紐をゆっくり引き上げているので，あなたのウエストはゆっくり，少しずつ背中を——いっときに脊椎骨をひとつずつ——もち上げていきます。

　最後は両肩が上がり，首が上がり，頭が上がります。

2．ベリー・ダンサー

　両手を腰に当てて立ち，いっとき，自分がどう感じているかに注意を払います。床を踏んでいる足はどのような感じですか？　空間にある身体はどんな感じですか？　腰に当てている手はどんな感じですか？

　腰を同一方向にゆっくり何度か回します。そのとき，ウエストから上はできるだけ動かさないようにします。ゆったりした円運動をしながら，脚——上腿，膝，下腿，足——に生じた感覚や動きに気づいてください。腰を動かすだけで，何が変わりますか？

　今度は，逆方向に腰を回しましょう。その前に回したときに起きたことと，何か違いますか？

　次は，自分の好きなやり方で，腰を振ります。いろいろな種類の鈴が腰回りにぶら下がっていて，音を立てているところを想像しましょう。どのようなやり方でも構わないので，それらの鈴を振り，できる限りの音を出します。何に気づきますか？　腰はどんな感じですか？　脚はどうでしょう？　膝は？　足は？

　ここで，始めたときのようにしっかり床に立ち，手を腰に当てて，再びじっとします。今何を感じているかに気づいてください。体内をエネルギーがめぐっている感覚はありますか？　何か感じますか？　あるいは，ひょっとして何も感じていませんか？

　忘れないでくださいね。何を感じようとも，何を感じなくとも，なんの問題もありません。特に何かを感じなくてはならないわけではありま

せん。重要なのは，注意を向けることです。

3. 曲芸師（ジャグラー）

　今度は，自分を，ジャグリングの名手だと想像してください。鳥の羽を1枚，ボーリング・ピンを1本，テニスボールを1個もっているふりをします。羽を空中に放り上げ，それがふわふわと落ちてくるところを観察し，それをつかまえる前に，ボーリング・ピンを放り上げましょう。

　羽をつかみ，テニスボールを放り上げたら，急いでボーリング・ピンをつかんでから，また羽を放り上げます。

　同様にして，羽，ボーリング・ピン，テニスボールのジャグリングを続けます。落としても，大丈夫です。すぐに拾って，ジャグリングの練習を続けましょう。

4. 牛のポーズと猫のポーズ

　これは，ラグかヨーガ・マットの上で行なうと，とても気持ちよくできそうです。四つん這いになり，両手は肩の真下になるように置き，両膝は腰の幅に開きます。頭と首は，必ず背骨と一直線にします。これは，背中が平らなテーブル状になるので，テーブルトップ・ポジションと呼ばれています。この姿勢を取りつづけるとどう感じるかに気づいてください。身体に何らかの感覚が生じているなら，それに注意を向けます。息を吸いながら呼吸の感覚に注目し，空気が鼻から入り，肺を満たし，呼気と共に体外に出ていくのを感じましょう。

　次に息を吸うときは，背中を弓なりに反らせ，それと共に，腰や肩，首，頭がどう自然に上方に動くかに気づいてください。これは牛のポーズと呼ばれています。原っぱで草を食べている牛に似ているからです（そうですね，ちょっとしたストレッチの姿勢です）。

　息を吐き出すときは，空気が肺の外に出ていくのに合わせて背中を丸め，それと共に，肩や首，頭のてっぺんがどう自然に下方の床に向かって動くかに気づいてください。これは猫のポーズと呼ばれています。背

第1章　マインドフルネス　　21

中を高く丸くして威嚇している猫に似ているからです。

　牛のポーズと猫のポーズを，自分自身のペースで数回繰り返し，身体に生じるさまざまな感覚——背中と肩と腰の筋肉の伸び——に気づきましょう。心の中にいろいろな考えが湧き上がってくるのに気づいたら（考えはどうしたって湧き上がってきますから），ひたすら体内の感覚に注意を戻しましょう。牛のポーズと猫のポーズをしている最中に心がさまよっていることに気づいたら，その都度，身体に生じている感覚にひたすら注意を戻してください。

まとめ

　これらのマインドフルな動きを実行して，その感覚に注意を払っていたとき，自分が不安になることも，自己批判的な考えをもつこともなかったことに気がつきましたか？　不安にも自己批判的にもならなかったのは，あなたが身体に生じている感覚を感じることに熱中していたからです。今という瞬間にいたからです。

　そうなったとき——そして，それがたとえほんの一瞬であっても——あなたはマインドフルな状態になっています。これが大切なのです。マインドフルであるというのは，ひとつには，体内になんらかの感じが生まれたとき，それを突き止めることができるということであり，したがって，厄介な気持ちが浮かんできたことに気づいたとき，あなたはセルフ・コンパッションを実践することができるということです。

　おめでとう！　このエクササイズは，いつでもまた行なうことができます。あなたは今，セルフ・コンパッションを増やしていく途上にあります。

　次章では，セルフ・コンパッションのふたつ目の要素——共通の人間性——を調べていきます。

22

第2章

共通の人間性
あなたは独りぼっちじゃない！

　ジェイミーは独りぼっちだと感じていました。両親がもめにもめて離婚し，その結果，知り合いがひとりもいない町に引っ越してきたばかりです。みじめでした。たいてい自室にこもってスマホをいじり，前の学校の友人たちにメッセージを送っていました。けれども，そんなことをしたところで，気分はちっともよくなりませんでした。友人たちは一緒に出かけて楽しいことをしているのに，自分はここで，このアパートで，父親と父親の彼女と一緒にいたのですから。

　新しい学校の授業はこれまでとまったく異なっていました。成績が急降下したのは，授業で行なわれていることがチンプンカンプンだったからです。迷子になった気分でした。誰もが自分の友人グループをもっていて，ジェイミーはそのどれにも入っていません。みんな，幼稚園のころから互いを知っているようでした。一番つらかったのは，誰ひとり，自分がくぐりぬけてきたことを理解してくれることも，気づいてくれることもないように思えたことです。

　あなたはよく，自分は独りぼっちだと感じるかもしれません。自分と同じことを感じている人なんて，ほかにはいないんだという気持ちになるかもしれません。不安感や無気力に付きまとわれているかもしれません。ときにはまずまずだと思えたり，実際に幸せだと感じたりすることがあっても，次の瞬間には泣きじゃくり，その理由すらわからないというありさまです。

　この孤独感と「まだ足りない」という気持ちは，ソーシャルメディアのせ

いで悪化します。知ってのとおり，人がソーシャルメディアにアップするのは——日々の現実ではなく——自分のベストな側面であり，自分をよく見せるものしかアップしないことも稀ではありません。でも，それを見たあなたはしばしば，みんなの人生はなんてすてきなんだと感じ入ります。「みんなは苦しんでいない。みんなの人生は順調で，その途上には，でこぼこなんてひとつもないんだ」と思い込みます。そうなると，自分にはぜったい何か異常なところがあるに違いない——こんなつらい思いをするのは自分だけなんだ——という結論に到るかもしれません。

　私たちは，広告と利益追求によって衝き動かされるイメージ志向の社会に生きています。現代社会で孤立していると感じないでいるのは難しいかもしれません。加えて，社会的な比較はまさに，私たちが人間としてやっていることであり，それは特に，ティーン時代にはびこっています。

　最終的にどうなるかと言うと，無気力が増大し，しばしば「人より劣っている」と感じ，何よりも，自分はそう感じている唯ひとりのバカであり，ほかのみんなはその人生を共に送っていると確信するようになります。

　けれども，共通の人間性は別の見解を——まったく異なるものを——示してくれます。

共通の人間性とは？

　共通の人間性とは，私たちが経験するさまざまな感情——悲しみ，つらさ，葛藤，怒り，さらには激しい絶望——を，人間であるからこその体験の一部だと了解することを指しています。共通の人間性はセルフ・コンパッションの構成要素のひとつで，私たちが感じたり体験したりすることは普通のことであり当然のことであると教えています。喜びやわくわく感，楽しみ，愛を感じるのと同様，私たちは感情のもう一方の面——例の「否定的な」感情——にも直面します。これは人間であればこそであり，最高の喜悦からこれ以上ない絶望まで，私たちは幅広い感情を抱きます。そして，セルフ・コンパッションのあとふたつの要素——マインドフルネスと自己への優しさ——

は，こうした感情に気づき，それらをどう扱ったらいいのかを知るのに役立ちます。

　私たちは誰しも，実にさまざまな感情を抱きますが，その中にはありとあらゆる否定的な感情も含まれています。そうした悪い感情と闘おうとする者，それらに抵抗しようとする者，他者から（あるいは，自分自身からさえ）それらを隠そうとする者もいれば，むしろ友人や家族にその気持ちを話したいと思う者もいます。いずれにせよ，私たちはみな，そうした感情を経験します。

　共通の人間性を理解すれば，自分が独りぼっちではないことを思い出せるようになり，自分が，この惑星を歩き回りつつ，つらさや嘆き，絶望，落ち込み，不安を経験する77億人中のひとりであることを思い出せるようになります。したがって，本章冒頭のストーリーに登場したジェイミーは，独りぼっちだと**感じ**ていて，周囲を見回した彼女には，誰もがうっとりするくらい幸せそうで，否定的な感情などほんのひとかけらも感じたことがない**ように見える**かもしれませんが，実は，誰もが苦しみもがいているのです。それをうまく隠している人もいるでしょう。けれども，現に苦闘と課題を抱えているのです。

　苦しまない人はいません。このことを憶えておくことは，きっと役立ちます。

共通の人間性はなぜそれほど重要なのか？

　共通の人間性を理解すれば，自分が独りぼっちではないことや，ほかの人たちも同じように苦しみもがいていること，これは人間であれば普通であることを思い出すのに役立ちます。このことを実感すること――他者とつながっていると感じること，周りに溶け込んでいるように感じること――が，どうしてそんなに重要なんだろうと，あなたは思っているかもしれません。

　簡単に言えば，それが私たちの生態の基本だからです。進化の観点から，私たちは生き延びるために他者を必要としています。子孫の世話を手助けし

てくれる他者を必要とし，何よりも，子孫を生むために他者を必要としています。先史時代，集団でいることは——特に，大型動物を狩るときや外敵の攻撃から一族を守るとき——保護に役立ちました。また，食糧が乏しいとき，集団に保護されている者の方が，自力で生き延びようとしている一匹狼より，食べ物を得る可能性は高くなりました。

　重要なのは，このメッセージ——他者とつながることの必要性——が私たちの生態に組み込まれていると認識することです。生存には他者が必要です。ですから，もしあなたが，グループに入りたいとか友だちがほしいなどと望むのは自分に何か間違ったところがあるのだろうと思っているとしたら，私を信じてください，それは少しも恥じることではありません。それは，誰にとっても本質的なことなのです。

　以下のエクササイズは，私たちが誰しも実に幅広い感情を経験するということを思い出すのに役立ちます。このエクササイズでは，知り合いの誰かを思い描いてください。いろいろな人——親友，家族の誰か，自分を悩ませている人，学校の超人気者など——を対象にして，数回やってみることをお勧めします。対象にするのは，ソーシャルメディアでフォロー中の尊敬する人物でもいいでしょう。対象が異なれば，結果も異なるはずです。実験だと思って，やってみましょう。

エクササイズ

私とまったく同じだ

<blockquote>
このエクササイズの音声ガイドは，
http://www.newharbinger.com/45274 でダウンロードできます。
</blockquote>

　このエクササイズは，元々，陳一鳴（チャディー・メン・タン）が創案したものですが，トリッシュ・ブロデリックがそれを改作し，ティーン向けマインドフルネスのカリキュラム『呼吸の学習（*Learning to BREATHE*）』で使ったものを，ここでは取り上げています。

このエクササイズでは，あることを心の中で視覚化してもらいますが，視覚化は通常，目を閉じてする方が楽にできます。もし目を閉じることが気にならないのであれば目を閉じ，数回深呼吸をして心を鎮め，少しリラックスしましょう。

　呼吸をしているときは，息を吐き出すたびに，体内の緊張やストレスをさらにもう少し吐き出せないか，やってみましょう。とにかくリラックスすることです。ひたすら自分を解き放ってください。

　では，あなたの知っている人を思い浮かべましょう。これは，よく知っている人を選んでも，クラスメートの誰かを適当に選んでも構いません。好奇心をそそられている人でもいいし，これまでその人についてじっくり考えたことがなかったというような人でもいいでしょう。もしチャレンジする元気があるなら，心底うっとうしく思っている相手を選ぶこともできます。そうですね，たとえば，先生が質問するたびに手を挙げるクラスメートとか，弟や妹の場合もあるでしょう。あるいは，ネットフリックスの連続番組の出演者とか，ソーシャルメディアでフォローしている人など，個人的に会ったことはなくても称賛している人の場合もあるでしょう。

　次に，思い浮かべた人のことを考えながら，以下のフレーズを自分自身に向かってゆっくり繰り返していただきます。何より重要なのは，急いで済ませないということです。時間をかけて，各フレーズをじっくり味わっていきます。フレーズを口にしながら，その意味について考えましょう。「この人」という表現は，その人物の名前に置き換えてもいいでしょう。

- この人について，いくつかの点をよく考えましょう。
  - 「この人は人間で，私とまったく同じだ」
  - 「この人には身体と心があり，私とまったく同じだ」
  - 「この人には気持ちと感情と考えがあり，私とまったく同じだ」
  - 「この人は，ときに悲しんだり，失望したり，怒ったり，傷ついた

り，混乱したりして，私とまったく同じだ」
- 「この人は苦痛や不幸から解放されたいと思っていて，私とまったく同じだ」
- 「この人は，安全でいたい，健康でいたい，人から愛されたいと思っていて，私とまったく同じだ」
- 「この人は幸せでありたいと思っていて，私とまったく同じだ」
- 今度は，この人のために優しく祈ってみましょう。
  - 「この人が強さとリソースと支援に恵まれ，人生のつらい時期を乗り切っていきますように」
  - 「この人が痛みと苦しみから解放されますように」
  - 「この人が強くてバランスの取れた人でありますように」
  - 「この人が幸せでありますように。なぜなら，この人は同じ人間であり，私とまったく同じだから」
- 数回深呼吸して，自分が今どう感じているかに注意を払いましょう。

このエクササイズをしていると，少し驚くかもしれません。親しい友人を対象にしてこれを行なうと，その人がより身近に感じられ，その人に対してより優しい気持ちになったり，その人に関する理解が深まったと感じたりします。相手に対して，たぶんこれまで以上に心が開いた感じがするでしょう。尊敬はしているけれども会ったことのない有名人を対象にした場合は，自分の中に生じた結果にたぶん驚いたことでしょう。その人も紛れもなく人間であり，感情やつらさがあり，失望もするとわかったのですから。

そして，自分が心底うっとうしいと思っている人を対象にしてこのエクササイズを行なった場合——ちなみに，これは実に勇気の要る行動だと思いますよ——あなたは驚きませんでしたか？　その人もまた苦しみもがいていて，ほかのみんなと同じように，ひたすら自分の道を見出そうと頑張っているとわかったのですから。

あなたの人生に登場する人々について，このエクササイズを定期的に

行なうことは，とてもよい実習になります。特に，誰かとうまくいっていなくて，つらい思いをしているときには，なおさらです。相手は人間であり，人間として，その人もまた苦闘しているとわかるようになるからです。そんな相手も，ときにはヘマをし，他者と対立し，つまずいて転び──そして，あなたやほかのみんなと同じように，なんとか立ち上がり，自分の人生の旅を続けます。立ち上がって進みつづけるのは，簡単にできることではなく，間違いなく勇気が必要です。けれども，そうすることで，自分がどういう人間であるか，幸せになるために自分は何を必要としているのかがわかるようになります。

中核的価値観──誰もがもっているもの

　地球上のすべての人間と私たちをつなぐもう一点は，私たちの誰にも中核的価値観があるということです。中核的価値観とは，正当性があると自分が信じている事柄，自分にとって重要な意味をもつもの，自分がどういう人生を送りたいと思っているかを考えるときに道標となるもののことです。中核的価値観は，私たちの人間としての在り方にとって不可欠なものであり，私たちの中心の深奥に息づいています。内容は人それぞれで，たとえば，教育，家族や友人との人間関係，信条に関するものもあれば，アウトドア派であること，世界を旅して探検すること，音楽鑑賞や楽器の演奏，芸術品の創作に価値を置くものなどもあるでしょう。

　どうすればセルフ・コンパッションをもてるようになるのかを知るためには，自分の中核的価値観の内容を知っておくと役立ちます。そうすることで，どんな決断を下してどの方向に進んだらいいのかについて行き詰って混乱したとき，自分の中核的価値観に戻ることができます。また，私たちは社会的な存在であるために，他者から影響を受けたり，ふと気づけば，自分の中核的価値観と合致しない──あるいは，もっと悪ければ，それに反する──生き方をしていたりもするかもしれません。そうなると，方向を見失った感じになり，ストレスを感じて自分自身に腹を立て，例の自己批判の声が出現し

かねません。自分の中核的価値観を知っておけば，生き方の方向を定め，自分の行動を手引きすることができます。

　でも，どうすれば，自分の中核的価値観を見きわめられるのでしょう？　以下は，人生を家にたとえて内省を促すエクササイズで，自分の中核的価値観を見つけるのに役立ちます。このエクササイズは，ティーン向けのセルフ・コンパッション・プログラム「メイキング・フレンズ・ウィズ・ユアセルフ」でも取り上げています。このエクササイズの着想は，クリス・ガーマーとクリスティン・ネフが開発した「マインドフル・セルフ・コンパッション・プログラム」にある同類の大人向けエクササイズから得たものです。

エクササイズ

私の家／私の自己

パート1：家を想像する

　これは，家の絵を実際に描いて行なっても，ただ想像するだけでも構いません。ただ必ず，庭，煙突，塀，土台，窓のある，レンガ作りの家にしてください。

　家の各部分に関する以下の質問に答えながら，時間を取って自分の回答についてじっくり考えましょう。たぶん，質問に対するいくつかの答えが似ていることに気づくでしょうが，それについては心配要りません。各質問は，自分の思うように解釈して構いません。ポイントは，しっかり時間をかけて，それぞれの質問について考えることです。エクササイズを進めながら，答えを書き出しておくと，ベストです。

　　1．土台：あなたにとって，土台となっているもの——もっとも重要な価値観——はなんですか？
　　2．窓：家の窓から未来を眺めると，何が見えますか？
　　3．玄関アプローチ：あなたを家に導くもの——あなたが信じていること——はなんですか？

30

4．庭：人生で，どのような種類のことを育て，増やしていきたいと思っていますか？

5．内部：これまでの人生で，あなたに影響を与えてきたのは，誰ですか？

6．煙突：自分のどのような部分を，世の中に送り出したいと思っていますか？

7．塀：家から遠ざけておきたいものは，なんですか？

8．屋根：どういうとき，家に引きこもっていたくなりますか？　あなたの行動を制限しているのは，なんですか？

9．レンガ：あなたをひとつにまとめているのは，なんですか？

　自分の家に何か追加したい場合は，遠慮なく追加してください。

　パート1を済ませると，自分が大切に思っていることや，人生で自分のものとして育んでいきたいと思っていることだけでなく，自分の人生から手放したいこと，つまり，締め出したいことも，かなりよくわかったことでしょう。また，自分にとって本当に重要なことでも，それらにあまり時間やエネルギーをかけていないことに気づいたかもしれません。たとえば，屋外スポーツがすごく好きなのに，それにあまり時間をかけていないことがわかったかもしれませんね。これは，私たちの大半について言えることで，誰しも，自分が生きたいと思うように生きていないときには，苛立つものです。

　このズレが生じるのは，しばしば，自分の中核的価値観に従って生きようとする私たちの前途に障壁が立ちはだかっているからです。生きたいように生きていないことに対する苛立ちは，共通の人間性のもうひとつの要素であり，人生のある時期に誰もが同じように抱えるものです。このエクササイズのパート2では，そうした障壁について，外的なものも内的なものも併せて掘り下げていきます。

パート2：障壁

外的な障壁

　外的な要因が自分の価値観に従って生きていこうとするときの障壁になることは，よくあります。たとえば，世界を探検したいと心から思っても，そうする資金と時間がないかもしれません。あるいは，友人たちと出歩いて楽しみたいと心から思っても，住まいが遠すぎて歩いて行くことはできず，運転免許をまだ取得していなかったり，そもそも車がなかったりするかもしれません。ほかにも，自分はアートの専門学校に行きたいのに，親は，そんなのは時間の無駄だ，生物学や統計学など，もっと専門的なことを学ぶべきだと主張することもあるでしょう。

- では，少し時間を取り，あなたが自分の価値観に従って生きていくのを遮っている外的な障壁があるかどうかについて考えましょう。さあ，遠慮なくそれらを書き出しましょう。

内的な障壁

　内的な障壁とは，失敗するのではないかという怖れや，自分自身に対してやたらと厳しくすること，自分は幸せになる価値がないと考えることなどです。たぶんあなたは，空想小説をもっと長く読んで過ごしたいのに，ソーシャルメディアを絶えずチェックしないではいられない気分になっていて，ある程度，FOMO〔fear of missing out〕——機会を失い，自分だけが取り残される恐怖——に憑りつかれているのでしょう。あるいは，学校のミュージカルをやってみたいのに，自分の歌はイマイチなんじゃないかと思っているのかもしれません。ある人をデートに誘いたいのに，断られるのが怖くてたまらないということもあるでしょう。だから，結局誰も誘いません。絶対に誘いません。

- 少し時間を取り，自分が生きたいように生きるのを邪魔している内的な障壁があるかどうかについて，考えましょう。自分自身に正直

になってください。ほかには誰も聴いていません。あなたと，あなたの真実の声があるだけです。ほんの少し時間を取り，気づいた内的な障壁を書き出しましょう。

- なんらかの障壁を特定したら，自分の価値観に従って生きていけないのはきついことだと認め，自分自身に何か優しい言葉をかけることができますか？　たとえば，「これはつらいな！　でも，ずっとそのままのはずはない。どんなことだって変化するんだから」などと言えるでしょう。ひょっとして，あなたがこれまで自己批判的だったのは，自分が周りに同調しがちで，自分の中核的価値観を支持していなかったり，その価値観に従って生きていなかったりする傾向があるからかもしれません。もしそうなら，自分自身にかける何か優しい言葉を──友人にかけてあげるような言葉を──書き出してみましょう。たとえば，「宿題をしなきゃいけないってわかっていても，自分自身を守って友だちに『ノー』って言うのは，やっぱり難しいよね」というような言葉です。あるいは，「どんなティーンも通る道だよ！　普通，みんなに合わせなきゃってプレッシャーは感じるものさ」というようなことも，たぶん言えるでしょう。では，こんなのはどうでしょう？「自分が過去にやってきたことは，もう過去のことで，それは変えられない。でも，たぶん未来では，自分の生きたいように生きられるし，自分にもっと満足できるようにもなるさ」

- そしてたぶん，見つかった障壁は，あなたが人間だということ，人間であるからには完璧ではありえないということだけではないでしょうか。その場合，完璧でない自分を許すことはできますか？　自分自身に対して，次のような言葉がけができるかもしれません。「完璧な人なんていない！　ときには苦しんだっていい。自分の中核にある価値観のことは忘れて，周りの考えに合わせたってまったく問題ない。もっと言えば，それでこそ人間だ！」

第2章　共通の人間性　33

エクササイズ

自分に約束する

　自分の中核的価値観から外れて流されているときには，自分自身の方向性を見直すことが役立つこともあります。ある日ふと気づくと，あるソーシャルメディア（あるいは，ふたつも三つも）にどっぷり浸かり，他者との比較の嵐に翻弄されて，自分が最悪の気分になっているところを想像してください。最悪なことに，午後が丸々それで終わってしまい，何か別のこと——現実に気分をよくしてくれること——ができたはずだと自分でも実感しています。自分自身に約束することで，次からはずっと，自分にとって何が重要かを思い出し，それに従って暮らしていけるようになるでしょう。

- 少し時間をかけ，自分にとって本当に重要な中核的価値観をひとつ選びましょう。以下の空欄にその価値観を挿入し，「私は最善を尽くして＿＿＿を約束します」と書き，自分自身にそれを誓います。でも，忘れないでください。約束は，規則や契約のようなものではなく，その価値観に従って生きる努力をすることを，単に表明するものに過ぎません。どんな人でもそうですが，あなたもうっかり忘れて，約束を守らない日もあるはずです。そうなったとき，自分を責め立てる必要はありません。方向を改めるだけで大丈夫です。

　自分の約束を思い出せるようにするには，それを書き出したあと，どこかに掲示しておくこともできます。内容があまりに個人的なものなら，それを撮影して，スマホの背景にしてもいいでしょう。あるいは，自分の鏡台など，毎日見る場所に貼っておき，迷って方向を間違えたときに思い出せるようにしましょう。

まとめ

　共通の人間性は，自分の感情面での苦しみが自分特有のものではなく，人間であればこそのもの，この星に生きる者であればこそのものだと理解することを指しています。しばしば——特につらさや怒りや苛立ちで疲れ果てたとき——自分は独りぼっちだと思うかもしれませんが，共通の人間性を考えることで，それは人間が経験するものであること，物事がうまくいっているときとこれ以上悪くなりようがない気がするときには，感情に起伏が生じることを思い出すことができます。その課題が自分の落ち度ではないと知り，生きている人間ならではの一部に過ぎないと知ることで，痛みはいくらか和らぐ可能性があります。

　中核的価値観——および，それらから外れたときに直面する苦しみ——は共通の人間性の好例です。障壁のせいで，自分の中核的価値観に従って生きられない状態が続くと，私たちは誰しも苦しみます。そのようなときには，自分自身に優しくできるようになりましょう。次章は，その方法を学ぶのに役立ちます。

第2章　共通の人間性　　35

第3章

自己への優しさ
親しい友人に接するように，自分自身に接する

　カイはランチの列を離れ，学校のカフェテリアで，座る場所を探しています。あ，彼女がいた！　熱を上げているかわいい彼女が友人たちとおしゃべりしています。そして……その彼女の隣の席が空いている！

　カイはひと呼吸し，集められるだけの自信を集めて，自信たっぷりに（少なくともそういう様子で）そちらに歩いていき，彼女の隣に腰を下ろしました。

　彼女が話を止めて顔を上げたので，彼は微笑みましたが，彼女は言いました。「ここ，別の人のために取ってあるの」

　カイはぼそぼそと謝り，決まり悪そうに自分のものを集めて別のテーブルに向かいました。彼の内なる批評家が耳元で金切り声を上げています。**大失敗じゃないか！　それに，みんな，見てたぞ！　で，自分のこと，何さまだと思ってるんだ？　彼女，この学校でどんな相手だって選べるのに，よりによってお前の隣に座りたかろうって，本気でそう思ってるのか？　しょうもないやつ！**　彼は能面のような表情を浮かべていましたが，内面では，内なる批評家の罵倒が止むわけもなく，心はどんどん落ち込んでいきました。

　どうしたらいいんだろう？　カイは，自分の中のその否定的な声を消してしまえたらいいのにと思いました。——あるいは，いっそ自分を消してしまいたいとも思いました。そのとき，カイは以前に学んだマインドフルネスのスキルを思い出しました。

　まずランニング・シューズの中の足の裏を感じ，次に，シューズの下のカ

37

フェテリアの床がべたべたしているのを感じます。つづいて息を吸い，その息が鼻孔を通って肺を満たすのを感じます。さらに，肺がふくらんだのを感じたあと，肩と胸の力が抜けていくのを感じると同時に，自分を解き放って息を吐き出します。彼は自分に言い聞かせました。**ただ呼吸を感じつづけるんだ。いっときに，ひと呼吸だ。**

　このスキルを使いつづけるうちに，身体に生じている感覚と呼吸が心の中心を占めるようになり，自己批判は背景に消えていきました。

　今，何が起きたのでしょう？　はい，簡単に言えば，カイは傷ついていました——が，マインドフルになることによって，自分自身をケアし，自分が必要としているものを自分に与えることができたのです。身体に生じた感覚を活用し，まさに今この瞬間，実際そこにあるものに集中することによって，心の中を駆け巡っている「ストーリー」——自分をバカだとののしる声——を手放すことができたのです。その結果，ばつの悪さと不安が減り，支えられているという感覚が生まれました。

　気づいていただきたいのは，カイが，例の声を遮断したり，耳に指を突っ込んで「あー，あー，あー，聞いていないぞ！」と叫んだりはしなかったという点です。なぜでしょう？　なぜ，あのイライラする声に，「消えてなくなれ。放っといてくれ」と言うだけでは効果がないのでしょう？

　理由はこうです。内なる批評家は，私たちの一部分（パート）です。それがこうして存在しているのは，私たちの安全を確保し，私たちを守ろうとするからです。ランチのテーブルで，それがカイに叫んでいたのは，彼を守って彼が傷つかないようにしていることを——おそらくあまり有用な方法ではなかったにせよ——伝えようとしていたのです。内なる批評家は，私たちが可能な限りベストであることを願っているのですが，その方法がやや辛辣で容赦がなく，そのせいで，私たち自身の本当の声はかき消されてしまうこともあります。

内なる批評家に対応する

では，自分の内なる批評家がベラベラとしゃべりつづけたら，どうすればいいのでしょう？　以下は，実に効果的に働きます。

まず，自分の内なる批評家を心の中に思い浮かべましょう。見た目はどのような感じですか？　どのような服装をしていますか？　歩き方はどうですか？　どのような響きの声ですか？　顔の特徴は？　はっきりしたイメージを思い描いてください。名前をつけることも役立ちます。

次に，小さな部屋を想像しましょう。小さな診療所の待合室のような感じで，ソファや椅子が何脚かある部屋です。この部屋に，自分の内なる批評家を迎え入れます。なんなら名前を呼んでもいいでしょう。入ってきたら，腰を下ろしてもらいます。そして，相手が何年もの間，自分を守ろうとしてきてくれたことはよくわかっていると説明した上で，相手の努力には感謝しているけれども，今後はもうその言葉を聴くつもりはないことも伝えます。内なる批評家は好きなだけあなたに話しかけることはできますが，あなたはその話を聴く必要も，その命令に従う必要もありません。

私の内なる批評家はマーシャという名前です。というのも，彼女を見ていると，かつてテレビに出ていた少々生意気な，例のマーシャを思い出すからです。さて，私はマーシャに，「あら，マーシャ。さあ入って，ここに座ってよ。腰を下ろして，言いたいことがあるならどうぞ言ってちょうだい。けど，私，あなたの言うことを聴かなきゃいけないわけじゃないから」と，言うかもしれません。そして，にっこり微笑んで，立ち去ります。

つまり，内なる批評家が自らの内側にいることを認めるのです。内なる批評家は普通，なんの危害も加えませんし，ひたすら自らを守ろうとしているからです。カイのケースでも，カイが再びいやな思いをしないように，彼を守ろうとしています。もし内なる批評家がいなかったら，カイは，はっと気づくと歓迎されていないという状況に繰り返し遭遇して，その都度気まずい思いをして，すっかり参ってしまうかもしれません。

そう，確かに，内なる批評家はしばしば度を越して，少々意地悪になりま

第3章　自己への優しさ　39

すし，それが過ぎると，当人は不安になったり落ち込んだりします。でも，そうならないためのコツがあります。マーシャは言いたいことを全部言って構わないけれど，私は彼女に注目する必要はないとするのです。彼女は私の頭の中の声に過ぎず，私の真実を語ってはいないからです。何事かを思っているというだけで，それが真実ということにはなりません。一般に信じられていることとは逆に，考えは事実ではありません。

　ある瞑想の指導者がかつて言ったとおり，考えは「脳からの分泌物」（うっ，気持ち悪っ！）に過ぎず，現実の世界で起きていることとはほとんど，もしくは，何もつながりがありません。ですから，私たちの考え——たとえば内なる批評家の声——が，その考えのどこかにわずかなりとも真実を埋め込んでいようとも，ほぼ間違いなく真実すべてを語っているわけではないのです。

自分を傷つけるものから距離を置く

　自己への優しさがあれば，内なる批評家など，自分を傷つけるものから距離を置くことができるようになります。自分に優しくするというのは，自分を尊重する気持ちと勇気を十分にもって，自分自身のために立ち上がるということです。これは，自分の内なる批評家の声にばかり耳を傾けないということであり，自分の気持ちを傷つける友人を手放す，怖いと思うような映画を観ない，不快になるソーシャルメディアに注目しない（場合によっては，ソーシャルメディアを完全に排除する）ということでもあります。また，自分が不当に扱われていると感じるときには，相手に立ち向かったり，自分自身のために立ち上がったりするということでもあります。簡単に言えば，自分にふさわしい敬意と優しさをこめて自分自身を遇するということです。

　自己への優しさは，人生において自分にとってよい変化——なりたい自分に成長するのに役立つ変化——を起こすためのひとつの方法です。以下のエクササイズを行なうと，自分自身に対する優しさを深める方法が身につくようになります。これは，「マインドフル・セルフ・コンパッション」の誘導付き瞑想からアイデアを得たものです。

エクササイズ

内なる批評家と……もうひとり，別の人物に会っているところを視覚化する

このエクササイズの音声ガイドは，
http://www.newharbinger.com/45274 でダウンロードできます。

まず，腰を下ろすか横になるかして，楽な姿勢を取りましょう。緊張が緩むような深呼吸を数回し，息を吐くたびに少しずつ自分自身を解放していき，息を吐きながら，身体を椅子なり床なりに，より深く沈めていきます。

心の中に，とても安全だと思える部屋を創ります。部屋の装飾用に自分の好きなものをなんでももち込んで構いません。たとえば，座り心地のよい椅子を何脚か，数個のクッション，スポーツで獲得したトロフィー，お気に入りの本，それに，現実の自分の部屋にあるものをいくつか加えてもいいでしょう。この部屋では，自分の好きなようにくつろぐことができます。たぶん，ビーズクッションに寝そべったり，ベッドに腰かけたり，ソファに横になったりするでしょう。くつろいでリラックスできることなら，なんでもオーケーです。少し時間を取り，その空間——好きなものに囲まれ，守られている安心感があり，ぬくもりと居心地のよさを感じる空間——にいることを，ひたすら楽しんでください。

今度は，その部屋のドアをノックする音が聞こえたと想像しましょう。ドアの向こうに自分の内なる批評家が立っていることが，あなたにはわかっています。内なる批評家は自分を守るためにここにいるだけだということもわかっているので，あなたはドアノブに手を伸ばして，相手を中に通します。ドアの敷居をまたいだとたん，内なる批評家は少し縮み，少し小さくなり，少し弱々しくなります。相手の両腕がふいに縮んでしわが寄り，かつて筋肉があったところが今や皮膚だけになっていることに，あなたは気づきます。すると，この内なる批評家を思いやる気持ち

第3章　自己への優しさ　41

が湧いてきます。というのも、この批評家とは実に長い付き合いであり、相当傷つけられてきたのは事実だけれど、相手はよかれと思ってそうしてきたことがわかっているからです。そこで、座るよう勧めると、批評家は言われたとおりに、しかつめらしい表情で椅子に座ります。

　あなたが腰を下ろす前に、またドアをノックする音がします。あなたはドアのところに行き、ノブに手を置くと、今度は誰だろうといぶかります。ドアを開けると、今度のお客はなんとなく見覚えがあります。でも、顔はわかるのですが、どこから来たのかを思い出せません。中に通しながら、この人物からにじみ出ている優しさに心を打たれます。この謎のお客が部屋の敷居をまたぐと、あなたはすぐに、部屋があふれ出る愛で満たされるのを感じます。あなたは、自分が完全に受け入れられているのを感じ、この人物は自分のことを信じられないほどよくわかっていることに気づきます。内なる批評家と同じように、たぶんこの人物はずっと前からあなたのことをよく知っているのでしょう。

　この謎の人物は、本当に優しくて愛にあふれていて、内なる批評家の隣に腰を下すと、批評家の腕に優しく手を置きます。内なる批評家はそのように触れられて、気持ちが和らいでいくようです。相手と一瞬目が合うと微笑み、緊張も少し溶けたようです。次に、この人物はあなたの方に向き直るのですが、どういうわけか、あなたがその瞬間に必要としていることを正確に把握しているようです。あなたは、ただそこに立っているだけで、まるで魔法をかけられたように、相手の言葉が耳に聞こえてきます。その言葉は、あなたが心から聞きたいと思っていたもの、どうしても聞く必要があったもの、ひょっとしたらずっと前から聞く必要があったものです。

　それはたぶん、「あなたは愛されているよ」とか、「あなたはありのままで完璧だ」、「心配しないで。何もかもうまく収まるから」というような言葉でしょう。にもかかわらず、その言葉は、これまで受け取った贈り物の中でも最高のものです。というのも、その言葉を聞くことによって、あなたは自分自身と完全によい関係であると感じ、今このときの自

分の生き方とも完全によい関係であると感じるからです。

　準備が整ったら，自分の好きな形で，お客たちにさようならを言いましょう。ふたりが出ていくのを，あなたは微笑んで見送ります。戻ってきてほしいときには，いつでも戻ってきてもらえるとわかっているからです。内なる批評家にさえ呼びかけたいと思うかもしれません。弱ってはいても，あなたが線からはみ出したときには，あなたを誘導するだけの力はまだありますから。あるいは，多少の愛や支えになるちょっとした言葉が必要になったときには，あの謎の存在に呼びかけたくなるかもしれません。愛と支えは，私たちの誰もがときに必要とするものですから。

　あなたは椅子に座ってくつろぎ，自分の好きなものでいっぱいの部屋を見回しながら，内なる批評家と謎の存在との出会いについて考えています。そして，思い到ります。「この謎の存在は，私自身の本当の声だ！この存在をよく知っているように感じたのは，私に似ていたし，私のように感じられたからだ。でも，どこか異なるところがあり，私より満たされていて落ち着いていた」——それはあなたの内面の声であり，あなたを心から愛し，常にそこにいてあなたを手助けし，支え，あなたが聞くべき愛にあふれた言葉を伝えてくれる存在です。自己への優しさが生む声です。この声は，これまであまりに多くの他の声にかき消されてきたため，あまりよく聞こえなかったのです。

　でも，今のあなたには，自分のすべきことがわかっています。安全だと感じられる心の中のあの部屋に戻り，自分自身の本当の声を招き入れさえすればいいのです。その声にも，名前をつけてあげましょう。

自分の本当の声が語る言葉を使って練習する

　私たちは誰もが，自分を愛するこの種の声を内面にもっています。けれども，大半の人は，長い間その場の主導権を内なる批評家に与えてきたため，しばしば，自分自身の本当の声をうまく聞けないようになっています。です

から，私たちには練習が必要です。

　ひとつ目の練習は，「ラヴィング・カインドネス・プラクティス」と呼ばれているもので，元々パーリ語で**メッタ**と呼ばれていたものです〔ラヴィング・カインドネスは「愛にあふれた優しさ」の意〕。ノース・カロライナ大学でバーバラ・フレドリクソンらが行なった研究が明らかにしたところによれば，ラヴィング・カインドネス・プラクティスは幸せなどのポジティブな感情を促進し，ポジティブな感情は抑うつ状態の発生を減らし，人生への満足感を高めます。また，練習すればするほど，気分がよくなることも明らかにされています（Fredrickson, 2008; Fredrickson et al. 2017）。

　以下は，形式に則った誘導付き瞑想で，毎日5〜10分の時間を確保して実行するのに適しています。これは習慣づけに役立ち，いったん習慣になれば，実行することをはるかに思い出しやすくなります。

瞑想

自分が大切に思っている人への優しさ

この瞑想の音声ガイドは，
http://www.newharbinger.com/45274でダウンロードできます。

- 楽にしていられる姿勢を見つけて深呼吸を数回し，身体をリラックスさせます。目は，閉じた方が落ち着くなら，閉じましょう。
- では，考えるとつい微笑んでしまうような相手——自分と気の置けない関係にある相手——を心に思い浮かべましょう。たとえば，祖父母や友人ですが，ペットの犬や猫でもいいでしょう。自分とは別のこの存在のために，今からちょっとした優しい祈りの言葉を繰り返します。それは，あなたの本当の声があなた自身に向かって言う言葉かもしれませんし，もっと別の言葉のこともあるでしょう。以下に例を挙げたので，やってみてください。
  - あなたが，愛されていると感じますように。

44

- あなたが，幸せだと感じますように。
- あなたが，安全で守られていると感じますように。

- 数分の間，相手のためにこれらの言葉を繰り返します。声に出して繰り返しても構いませんし，心の中で繰り返しても構いません。そうしながら，言葉の裏にある意味について考えてください。

- 次に，つい微笑みたくなるこの相手と一緒にいる自分自身を思い浮かべましょう。今度は，自分たちふたりのためのフレーズを繰り返します。先ほどとは異なるフレーズを選ぶこともできますし，同じものを選ぶこともできます。
  - 私たちふたりが，愛されていると感じますように。
  - 私たちふたりが，幸せだと感じますように。
  - 私たちふたりが，安全で守られていると感じますように。

- つづいて，相手のイメージを消し，自分自身のイメージだけが頭に残るようにします。そして，もう一度，以下のフレーズをゆっくり繰り返します。それらを，単なる言葉として捉えるのではなく，その背後に響き渡る意味を感じ取ってください。
  - 私が，愛されていると感じますように。
  - 私が，幸せだと感じますように。
  - 私が，安全で守られていると感じますように。

- これらのフレーズを，心の中で何度も何度も繰り返しましょう。言葉やフレーズは，自分にもっとも響くものであれば，どのようなものでも構いません。これを，少なくとも5分はやってみてください。心がさまよいはじめたら——心はそういうものですから，まずそうなります——ただそのことに気づくだけで大丈夫です。そのことで自分を裁くことなく，フレーズの繰り返しに戻るだけで大丈夫です。

第3章　自己への優しさ　　45

自分自身のフレーズを見つける

「愛されている」，「幸せだ」，「安全で守られている」という言葉は，一部の人にはあまり真実味があるようには聞こえないかもしれません。別の言葉やフレーズを遠慮なく試してみてください。以下はそのガイドラインです。

- 願い事は，偽りのないシンプルで優しいものでなくてはなりません。考えすぎないようにしましょう。自分に効果のあるものを見つけ出すよい方法は，「私には何が必要だろう？」とか，「今私はどんな言葉を聞くべきだろう？」などと自問することです。これらの問いの答えがどのようなものかを確認し，それらをフレーズに挿入してみましょう。
- 自分にとってもっとも効果的に働くのは，それを聞いたとき，「そう，これだよ！　これを聞くべきだったんだ！」と思える言葉です。
- これらの願い事は，全般的なものにしておけるなら，それがベストです。たとえば，「ハーヴァード大に入れますように」ではなく，「よい結果が出ますように」と言う方がベターです。
- これらのフレーズを言うとき，心の中は，必ず言い争いのない状態にしましょう。たとえば，「幸せになりますように」と言っているのに，内なる声が「自分を何さまだと思ってるんだ。おまえには幸せになる価値なんかない」と言ってきたら，フレーズを修正することです。ひょっとしたらあなたは，たとえば，「幸せになることを，いつか受け入れられますように」とか，「いつか幸せになりますように」などと言いたいのかもしれません。

これは形式に則ったフォーマル・プラクティスであり，毎日いくらかの時間を確保して行なうものです。けれども，例のカフェテリアの一件のように，ときには何事かが起こり，まさにその瞬間にちょっとした優しさが必要になることがあります。優しさを実践する5分が取れないとか，さまよい歩く自分の心を集中させるマインドフルな呼吸を3回はできないということがあるか

もしれません。その場でほっとする必要があるという場合には，インフォーマル・プラクティス，つまり，形式に縛られないものを実践することもできます。

　以下は，私のお気に入りのひとつで，皆さんに試していただきたいと思っているものです。サポーティヴ・タッチ〔支えになるタッチ〕が効果を発揮するのは，それが身体の生物学的反応──快楽ホルモン「オキシトシン」の分泌──を活性化するからです。これは，母親が赤ちゃんの頬をなでるときやあなたがペットの犬や猫をなでるときに分泌されるホルモンであり，犬は満足し，猫はゴロゴロのどを鳴らし，あなたは気分がよくなります。

瞑想

サポーティヴ・タッチ

この瞑想の音声ガイドは，
http://www.newharbinger.com/45274でダウンロードできます。

　何に安らぎを見出すかは人それぞれなので，以下に，サポーティヴ・タッチを経験するさまざまな方法を列記しました。自分にとってベストだと感じられるものを見つけましょう。もし可能なら，目を閉じてこれらを試してみると，外界に気を散らされることなく，身体に生じる感覚にしっかり注意を向けることができます。ゆっくり進めてください。それぞれに少し時間をかけ，各動作が自分にどう感じられるかをじっくり感じ取りましょう。

- 片手を心臓の上辺りに置きます。その手に生じる感覚に注意を向けましょう。
- 両手を心臓の上辺りに置きます。両手を置くと，どう感じるかに注意を向けましょう。
- 片手でげんこつを作り，それを心臓の上辺りに置きます。もう一方

第3章　自己への優しさ　　47

の手をげんこつに重ねてみてもいいでしょう。

- 両手を膝に置き，一方の手でもう一方の手をさすります（何をしているのか，周りの人にはわからないので，「便利な**手**」です）。
- 胸の前で腕を組み，自分自身をハグします（これも，周りの人に気づかれずにできます）。
- 一方の腕を，もう一方の手でそっとさすります。
- 両手を両頬に当て，揺すってあやすようにします。
- 両手を使って，額や頬，顎など，顔中を優しくトントン叩きます。
- 両手をそれぞれ，ゆるいげんこつにして，優しく胸をトントン叩きます。
- 片手を伸ばして，自分の背中を軽く叩きます。

　たぶん，上記の動作の中から，ひとつかふたつ，あなたの気分がよくなり，気持ちが少し落ち着き，集中力が高まるものが見つかるでしょう。次に出先で気持ちを鎮めなくてはならなくなったら──ストレスを感じたり，内なる批評家がやたらに非難してきたりしたら──タッチで自分を支えてみましょう。

あなたは既に，自己に優しくする行動を取っているかもしれない

　自分自身に優しくする方法は，ほかにもたくさんあります。そのいくつかは，そうとは知らずに既にやっているかもしれません。もし，時折ですら自分に優しくすることがなかったとしたら，こうも長く生き残ってはこられなかったでしょう。落ち込んでいるとき，あなたはたぶん，以下のようなことをやっています。

- 映画を観る
- 友人に話しかける
- 良書を読む

48

- ペットの犬や猫とゆったり遊ぶ
- ひとっ走りする
- スポーツをする
- 昼寝をする
- ゆっくり風呂に浸かる
- ビデオゲームをする
- 音楽をかけて踊る
- 友人にテキスト・メッセージを送る

　もし自分が時間を取ってこうしたことをしていたら，自分自身を褒めましょう。あなたは身勝手なわけではありません。ただ自分のケアをしているだけです。私の娘は，幼かったころ動揺すると，飼っていたモルモットをケージから出し，自分の部屋で頬に涙を伝わらせながら，そのモルモットのオレオを膝に抱いてなでていたものです。娘は当時わかってやっていたわけではありませんが，オレオをなでることで，さまざまな化学物質が体内に放出され，それが娘を慰めていたのです。

　緊張を緩めるために既にあなたがやっているかもしれないもうひとつは，音楽を聴くことです。以下の実習によって，苦しみもがいているときに音楽がどれだけ助けになりうるかが明らかになるでしょう。音楽をかけるのは，内なる批評家の音量を下げる方法にもなりえます。

瞑想

音楽を聴いて瞑想する

　歌詞のない音楽を一曲選びましょう。この実習には，インストルメンタルの曲のみを使うことが重要です。歌詞があると，それをきっかけにあれこれ考えはじめますし，ここで本当にしたいのは，音楽を感じるということです。また，その音楽は癒し効果のあるものにしなくてはなりません。電子音楽がダンスにふさわしいのと同様，ここではリラックス

第3章　自己への優しさ　　49

できるような音楽がもっとも効果を発揮します。

　音楽を聴いて瞑想する際に従っていただきたいことは，ひとつしかありませんが，非常に重要なことです。その音楽にひたすら注意を向けるということです。ほかには何もせず，ただその音楽を聴いてください。宿題も，雑用も，メールも，電話も，コンピュータの作業も，いっさいしないで，ひたすら聴くのです。

　その音楽を聴いている最中，どこかでたぶん，自分が今度のパーティのことや宿題のこと，その他のことを考えていることに気づくでしょう。まったく自然なことです。そうなったら，ただただ集中し直して，その音楽に耳を傾けましょう。

　これだけです。簡単でしょう？　音楽を聴くことが瞑想になりうるとは思わなかったのではありませんか？　しかも，これは，5分でも10分でも，あるいは1時間でも，好きなだけ続けることができます。

まとめ

　この惑星の人間は誰であれ，優しく遇される価値があります。私たちは親しい友人たちに親切に接します。それと同じように，自分自身にも親切に接しましょう。私たちの大半は練習不足なだけです。練習すればするほど，実践は簡単になり，例のうるさい内なる批評家は静かになり，自分自身の本当の声が聞こえるようになります。人間であれば，誰しも生きている間に厄介な瞬間にぶつかるものです。ですから，ツールをいくつか備えもつことはよいことであり，つらい瞬間が訪れたら，それらのツールを使って自分に優しくするのです。次章では，別の方法——実にシンプルな方法——について，いくつかお話しします。それらは，つらい瞬間の中に紛れて込んでいる純粋な喜びの瞬間を見つけるのに役立ちます。

第4章

ささやかなことの中に驚嘆を見つける

　私たちはささやかなことでも幸せな気持ちになりますが，そうしたささやかなことに気づくのが，難しいときもあります。厄介なことは，毎日すぐ鼻先で勃発し──試験で大失敗する，好きな相手にバカなことを言ってしまう，サッカーでパスをドジるなど──私たちは一日中起きつづける悩ましい出来事に，実によく気づきます。ところがどういうわけか，日々のあれこれの中にある喜びや驚嘆はしばしば見逃します。なぜそうなるのでしょう？

　そうですね，もしかしたら自分の人生には楽しいことなんてひとつもないからだと，あなたは思うかもしれません。でも，私がここにいるのは──たとえあなたの人生を知らなくても──その考えは間違っていると，あなたに伝えるためです。現在の状況がいかに大変でも（もちろん，みなさんの一部がきわめて困難な状況に取り組んでいることは承知していますが），ちょっとした楽しいことはいつでも見つかります。あなたを驚嘆させてくれるものは必ず見つかります。喜びと驚嘆はいたるところにあり，見る習慣をつけるだけで見つかります。

驚嘆とネガティビティ・バイアス

　あなたは今，**この人，「驚嘆」なんて言ってるけど，何を言いたいの？**　と思っているかもしれませんね。私が言おうとしているのは，生活の中にあって私たちに喜びをもたらしてくれそうな大小さまざまなもののことです。そ

51

ういうものに気づくと，心が明るくなり，ほんの一瞬でも微笑まずにはいられなくなります。私たちは，たまにはそういうものに気づきますが，たいていは気づきません。

　暮らしの中の不快なものはなんでも目に入るのに，よいこととなると，どういうわけか見逃してしまいがちなのは，どうしてでしょう？　あまりに片寄っている気がします。そうですね，でもこれは，「ネガティビティ・バイアス」と呼ばれるもののせいなのです。ネガティビティ・バイアスとは，暮らしの中にあるよいものではなく，悪いものに気づくよう，私たちが生物学的に配線されているということです。これは私たちの落ち度ではありませんし，私たちは何も悪いことをしていません。

　進化なら，これを説明できるでしょう。その昔，荒野に出て狩りや採集をしていた時代，私たちは自らに害を与えうるあらゆるもの——捕食動物など——を警戒しつづけなくてはなりませんでした。相手がどこにいるのか，何をしているのかを意識しつづける必要があり，そのおかげで，相手が攻撃をしかけてきたとき身を守ることができたのです。自分を傷つけうるものに警戒しつづけることで，私たちは生き永らえ，私たちの種は生き残ることができたのです。代わりにもし周囲の美しいもの——満開の花々やサバンナの夕焼けなど——を愛でつつ，のんびり過ごしていたら，その辺に潜んでいたイノシシやら他の捕食動物やらに，おそらく食べられてしまったことでしょう。

　私たちは今もその生態を携えていますし，それは，私たちの人となりの一部になっています。ですから依然として，喜びをもたらすものよりも，自分を傷つける可能性のあるものの方に，はるかにたやすく気づくのです。心理学者であり研究者でもあるバーバラ・フレドリクソンが言うように，「否定的なものはあなたに向かって金切り声を上げるが，肯定的なものはささやきかけるだけ」なのです。では，私たちはどのように変化すれば，肯定的なもの，喜びをもたらすものに，よりよく注目するようになるのでしょうか？

　まず，暮らしの中のよいものに気づく習慣をつけることにしましょう。いったん始めれば，これがさほど難しくないことがわかります。私たちの周りには，常によいものがあるからです。

驚嘆の見つけ方

ロバートの場合

ロバートは，エレベータのない都心の4階建てアパートに住んでいます。つまり，祖母と妹と暮らしている4階の小さな部屋にたどり着くには，その分の階段を上らなくてはならないということです。建物は古く，塗装ははがれてもう塗り直しが必要だったし，備品はもう何年も取り換えられていませんでした。ロバートは放課後，祖母が近くのコンビニエンス・ストアで働いている間，妹の面倒を見ています。

彼はたいていの場合，これと言って問題のない学生ですが，ADHD（注意欠陥多動症）があるため，そのせいで生じる難題はけっこうあります。つい最近も，学校でひどく勇気をくじかれることがありました。彼がドラムでも叩くように，ぼんやり机をペンで叩いていたり，手も挙げずに答えを口走ってしまい，しかもそれが4回も続いたりしたために，同級生の何人かが彼にひどく腹を立てたのです。

でも，ロバートは，自分の難題のせいでどうしようもなく落ち込むようなことは決してありません。自分の周りにあって気分をよくしてくれるものに注意を向けることを習慣にしているからです。

学校から帰り，キッチンで腰を下ろして妹の宿題を手伝っていると，彼はいくつかのことに気づきます。外が暑いときは窓が開いていて，涼風が入ってくるのがわかります。室内は暖かいので，肌をなでる風が心地よく感じられます。それに，アパートに隣接する遊び場で遊ぶ小さな子どもたちの声が聞こえ，その笑い声が部屋まで響いてきて，子どもたちが楽しくしているのがわかると，頬が緩みます。また，妹が兄の自分を神か何かのように——答えをすべて知っているすごい秀才のように——見上げてくるときも，とてもよい気分になります。

妹と自分のために夕飯の支度を始めると，フライパンの中で焼けていくハンバーグの香りが辺りに満ちて最高です。ロバートは，こうして何か食

第4章　ささやかなことの中に驚嘆を見つける　　53

べるものがあることの幸運を思わずにいられません。というのも，街角で無心してきたあの男の人は食べ物がなかったようだし，自分の学校にも，家で十分には食べていない子どもたちが少なくないことを知っているからです。

　確かにロバートは，教室でつい答えを口走ってしまうことはどうにもコントロールできないにせよ，同級生が自分にイライラしているという事実について，自分でがっかりしたいと思えば，がっかりすることはできたでしょう。それに，ときには，そのことで動揺することも実際にあります。けれども，努めて自分の周りにあるよいことに気づくようにしていると，本当に気分がよくなり，そのおかげで嬉しくなるのです。

　というわけで，あなたがどこにいようとも，あなたがどういう人物であろうとも，あなたの周りには，幸せな一瞬をもたらしうるものが必ずあります。実際にこうしたものを探そうとすれば，少し時間はかかるかもしれませんが，いったんそれが習慣になれば，自分が見つけるものに必ず目を見張るはずです。

　以下は，その習慣をつける方法についての提案です。

> エクササイズ

驚嘆を見つける練習

　ステップ1：まず，マインドフルになりましょう。自分の周りの様子，特に身体に生じる感覚に注意を払います。光が部屋のいろいろなものにどう落ちているか，柔らかなカーペットが素足にどう感じられるかなどです。人生が変わるような大それた瞬間である必要はありません。むしろ，そうでないなら，その方がベターです。

　ステップ2：では，しばらくそれを味わいましょう。それを楽しんでください。身体に生じた感覚をしっかり感じ取るのです。それにどっぷり浸りましょう。心が何かを考えはじめたら——これはよくあることで

すが（それが心の仕事であることを思い出して）──ただそれらに注目
し，それらには流れ去ってもらいましょう。そうした考えの外側に立っ
ているかのように，それらに搦め捕られることがないようにして，ただ
見ていると，それらは流れ去っていきます。そのあとは，今まさにあな
たの生活のここにあるこの素敵なことを，再び楽しみます。それに浸り
ましょう。好きなだけ時間をかけてください。多分，5分くらいでしょ
うか。あるいは，もっと長いかもしれません。

　ステップ3：今度は，それ以外に楽しめそうなものが周囲に何かない
か，探しましょう。子ども時代の思い出の品が棚に飾ってありません
か？　それが以前からそこに置かれたまま，要らぬおせっかいなぞしな
いで佇んでいる様子に注目してください。それによって思い出す感情に
気づくかもしれません。子どものころに面白がってやっていたことの記
憶が蘇ってくるのに気づくかもしれません。そうした感覚や気持ちに心
を開き，たっぷり味わってください。そうした感覚や気持ちがそこに生
じていることを認め，その楽しい記憶をとっくり楽しんでいいことにし
ましょう。これも，好きなだけ時間をかけてください。

　ステップ4：次に，部屋の中にある何か別のものに移ることもできま
すし，もしもう十分なら，ここで終了しても構いません。いずれにせよ，
自分の生活の中にあるささやかなことで，心から楽しめると思うもの，
つい笑みがこぼれてしまうものに注意を向けることを習慣にしましょう。

　否定的なことにはなんでも注目するというきわめて強固な習慣があるのに，
身の回りの驚嘆に注意を向ける習慣をつけるのは，少々大変かもしれません。
今説明した「驚嘆を見つける練習」は，「五感で味わう散歩」からヒントを
得たものです。「五感で味わう散歩」は大人向けのプログラム**マインドフル・
セルフ・コンパッション**にある実習で，私のお気に入りのひとつです。「五感
で味わう散歩」を実践するのも，肯定的なものに注意を向ける習慣をつける
のに役立つ方法です。

第4章　ささやかなことの中に驚嘆を見つける　　55

エクササイズ

五感で味わう散歩

　このエクササイズは，自然環境の中——森や公園や野原——で行なうことができるなら，理想的です。家が立ち並ぶ住宅地や私道，町の通りでも大丈夫です。それだけではなく，大都市の歩道でも大丈夫でしょう。忘れないでください。驚嘆はどこにでもあります。

　まず，自分が引き込まれるものを何か見つけましょう。たとえば，葉っぱ，石，アリ塚に群がるアリなどです。あるいは，歩道の割れ目から伸びている細長い草にも驚嘆するかもしれません。少し時間をかけ，五感すべてを働かせて，それをよく見て楽しみます。のんびりやりましょう。

　先に進む準備が整ったように感じたら，再び歩きはじめます。次に自分が引き込まれるものを見逃さないようにしましょう。見つかったら，またそれに少し時間をかけます。これを，好きなだけ続けてください。散歩を終えたとき，どのような気分になっているかに注目しましょう。

　もうひとつ，「五感で味わう散歩」を変形させたものがあります。とても簡単に楽しくできます。

エクササイズ

驚嘆を写真に収める

　このエクササイズでは，あなたが微笑まずにはいられないもの——嬉しくなるもの——に注目し，それらの写真をスマホで撮ります。何枚撮っても構いません。あとでそれらを，スマホかコンピュータの特別なフォルダに保存します。保存先は，簡単にアクセスできる場所ならどこでも構いません。そして，気持ちが落ち込んだら，ただこのフォルダにアクセスして写真を見るだけです。気分の変化にきっと気づきます。

　さらに付け加えるなら，このエクササイズは，何人かの友人たちと一

緒にやってみたくなるかもしれません。その場合は，互いに写真をシェアして，何が起きるかを見てください。自分が相手にどれだけの喜びをもたらすかがわかって，きっと驚きます。私たちには，誰もが人間として共有する特定のもの——その一部は感情面での苦闘——があります。すなわち，「共通の人間性」と呼ばれているものです。けれども，人間として共有するものはそれだけではありません。互いにつながり合ったときに味わう喜びもそのひとつです。興味深いと思うものや喜びをもたらしてくれるものの共有は，まさにそのつながり合いに役立つ可能性があります。

さらにもうひとつ，このエクササイズを変形させたものがあります。

エクササイズ

#歓喜の瞬間（#MomentofJoy）

　一日を過ごしながら，喜びや驚嘆の瞬間をもたらしてくれるものに注意を向けましょう。繰り返しになりますが，それは，本当にちっぽけなことで，見た目にはどうでもいいようなことである可能性があることを忘れないでください。たとえば，冷える戸外から戻ったときの熱いココアや紅茶，テレビを見ながらくるまっている柔らかなブランケットの感触などです。

　それが見つかったら，写真を撮り，どうしてそれが喜びをもたらしてくれたのか，その理由も添えてソーシャルメディアで共有しましょう。「#歓喜の瞬間（#MomentofJoy）」としてハッシュタグも忘れないことです。徐々に自分自身の「歓喜の瞬間」のコレクションができていきますから，いつでも好きなときにそこに戻り，その記憶を通して再びその瞬間を味わうことができます。また，これらの瞬間はほかの人たちとも共有していますから，その人たちもそれらから楽しみを得ていることを実感できるはずです。

第4章　ささやかなことの中に驚嘆を見つける　　57

次のエクササイズは数多くの心理学者や研究者——特に著名なのはデューク大学のブライアン・セクストンとキャスリン・アデア——が推奨しているものであり，これをいつも行なうことで，より大きな幸せが得られることを研究が明らかにしています。これも，喜びをもたらすものに集中する方法のひとつであり，しかも，とてもシンプルです（Sexton and Adair, 2019）。

> エクササイズ

よかったことを3つ書く

　ステップ1：一日の終わりに，その日自分にとって順調に進んだことを3つ書き出し，それがどのようにうまく展開したか，特に，その展開に自分がどういう役割を担っていたかを思い返しましょう。

　ステップ2：それぞれのよかったことに関する自分の今の気持ちは，どの感情が一番しっくりきますか？　たとえば，あなたは今，喜び，感謝，希望，わくわく感などを感じているかもしれませんね。それも書いておきましょう。

　ステップ3：これを毎日，少なくとも1週間は続けてください。2週間続けられるなら，なおよいでしょう。

　さあ，これだけです。とてもシンプルでしょう？　YouTubeで，「よかったこと3つ／Three Good Things」を検索すると，それにまつわるトークがたくさん見つかるはずです。そして，アプリ・ストアで，「よかったこと3つ／Three Good Things」を検索すれば，利用できるアプリがいろいろ見つかります。

これらのエクササイズで憶えておいていただきたい大切なことは，「よかったこと」は，何かの賞をもらったなどといった大きな出来事でなくてもいいということです。お昼どきに友だちとおしゃべりを楽しんだとか，愉快な妹から面白いスナップ写真送られてきたなど，ささやかでシンプルなことにな

るかもしれません。そうしたことは一日中起こっています。それらに気づく習慣をつけなくてはならないというだけのことです。

　習慣を身につけるのには時間がかかります。ですから，生活の中の喜びに注目するのを忘れて，ネガティビティ・バイアスに捕まったときにも，挫けたり，自己批判したりしないでください。結局は，あなたも人間です。そして，いつでも再出発することができます。お約束します。自分に言い聞かせつづけるなら，いずれはその習慣をつけることができますし，やがて，ふと気づけば，意識しなくてもそうしていることがわかるようになります。さらに，そうすることがとても簡単になり，楽しくさえなっていることにも気づくでしょう。

　アリス・ヘルツ－ソマーは，ホロコーストを生き抜いたコンサート・ピアニストで，110歳まで生きました。彼女は自分が長寿を全うできたのは，常によいことに目を向けていたおかげだと言い，「至る所に美があります。悪いことについても知ってはいますが，私はよいことに注目することにしているのです」と言いました。グーグルで彼女を検索してみてください。YouTubeにもインタビューがいくつか上がっています。

　よいことに目を向けることで得られる肯定的な成果は，数多くの研究者たちが明らかにしていますが，中でも著名なのが，バーバラ・フレドリクソンです。フレドリクソンが開発した「拡張形成理論」と呼ばれるものは，生活の中にあるよいことに気づくと，肯定的な感情が生まれ，そうした感情は実際に気づきと観点を拡張し，レジリエンスなどの個人のリソース形成の役に立つと説明しています。喜びや満足などの肯定的な感情を経験すると，私たちは，より創造的になり，より陽気になって，たとえば，新しいことの探究に対する関心を深めます。その結果，友情を育み維持する，脳の発達を刺激するなど，新たな力とリソースが育ち，それが支えとなって，私たちはさらに成長していけるようになります。

　言い換えると，生活の中の肯定的なものに気づき，それを受け入れる余裕をもつことで，私たちはより多くの幸せを感じ，その結果，より多くの多様な人生体験に心を開くことができるようになり，それが，難題に対処する資源

と能力の育成に繋がるということです。このおかげで最終的に全体的なウェルビーイングが高まり，何かに傷つけられたときにも，より簡単に立ち直る能力が育ちます（Fredrickson, 2001）。

瞑想

思いがけないところに驚嘆を見つける

この瞑想の音声ガイドは，
http://www.newharbinger.com/45274 でダウンロードできます。

これまで，日々の暮らしの中で身の周りにあふれている驚嘆を見つけようという点について，多々論じてきました。今度は，誘導付き瞑想を実行して，別の場所——思いがけないところ——で驚嘆を見つけるのに役立てましょう。この瞑想は，最高のセルフ・コンパッション指導者で友人のブレア・カールトンに触発されたもので，「マインドフル・セルフ・コンパッション・プログラム」で採用している実習もヒントにしています。

- 居心地のよい場所を見つけて，腰を下ろすか，横になるか，しましょう。目を閉じた方が落ち着くなら，そうすることもできますが，落ち着かない場合は，目の前の床を静かにじっと見るだけでも構いません。
- 身体に生じているどのような感覚にも注目してください。たとえば，首や肩の凝りなどです。自分の身体で，張りや痛みを感じる部位をもし見つけたら，その部位を和らげてあげましょう。蒸しタオルなどを使ってその部位を少し温めているところを想像できるかどうかをチェックし，そうすることが緊張をいくらかほぐすのに役立つかどうかをチェックしましょう。このステップには，好きなだけ時間をかけてください。

- 緊張がほぐれるような呼吸を3回しながら，息を吸うときと吐くときの呼吸の感覚に注意を向けましょう。吸気より呼気を少し長めにしてください。呼気はリラクセーションに関わる神経系の一部に関与しています。息を吐くたびに，身体の安定が少しずつ増し，心の解放が少しずつ進み，身体が椅子なりソファなりに少しずつ深く沈んでいくようにしましょう。

- ソファ，椅子，床に自分をしっかり支えてもらってください。自分がこの場で安全であること，身体が確かに支えられていることを実感しましょう。

- では，ここで，遠くの音に注意を向けます。その音の方を向き，それに心を開き，その音を耳にあふれさせてください。その音によく注意します。自分が楽しいと思える音を選べば，役立ちますが，必ずしもそういう音を選ぶ必要はありません。どのような音でも大丈夫です。

- 少しの間，その音と共にいましょう。心がフラフラとさまよい出ていることに気づいたら，注意をそっと音に戻します。

- 準備が整ったら，もう少し自分に近い音に注意を向けてください。自分のいる部屋の音でもいいでしょう。その音に注意を向け，その方に身体を向けて，その音を耳にあふれさせます。この音以外は何も存在しないと想像してください。繰り返しになりますが，その音は楽しいに越したことはありませんが，そうでなくてはならないわけではありません。

- 数分の間，その音と共にいましょう。ここでも，心がフラフラとさまよいはじめたら，注意をそっと音に戻します。

- 今度は，さらに自分に近いところ——すなわち，肌の表面の感覚——に注意を移しましょう。たとえば，今座っている椅子に触れている部位の感覚とか，口を結んでいるときの唇の感覚，肌に触れる服の感触などです。これがもし，フカフカのソファに身体が沈み込んでいくような心地よい感覚なら理想的です。

第4章　ささやかなことの中に驚嘆を見つける　　61

- その感覚に気づいて，その部位に注意を向けます。その感覚を楽しみ，その心地よさを味わいましょう。ほっと息をつけるこの瞬間を味わうのです。数分の間，この感覚と共にいましょう。

- 数分経ったら，さらに近づき，今度は自分の内面の感覚——内側の深いところ，自分という存在の不可欠な部分——に注意を向けます。大それたものである必要はありません。ほんの小さな何かかもしれません。ただし，真実である何か，自分自身のことで自分が心から好きだと思える，とても深いところの何かでなくてはなりません。それは，動物に対する情熱かもしれませんし，自分が友人として忠実であること，サッカーが大好きで熱心に練習していることかもしれません。そこにあるもの——たとえ始終それに従って行動しているわけでなくても，自分に備わっていて本当によかったと思うなんらかの資質——をひたすら見つめます。親切にしようと思う気持ちしか見つからないかもしれません。誰もあなたの考えに聞き耳を立てようとはしませんから，自分に正直になりましょう。

- 自分について自ら評価しているそのことを，心を込めて聞いてあげましょう。そのことを心の中ではっきり大きく響かせましょう。自分という存在を，そのことで満たしましょう。

- たぶん，その資質について考えながら，それが自分に備わっているのは，一部には他者——両親，祖父母，教師，友人のほかにも，自分が読んだ本や観た映画など——の影響であることに気づくでしょう。自分の人生におけるそうした影響を正しく評価することを，自分に許可してください。心の中で，それらの影響にひと言感謝を伝えてもいいでしょう。自分にそうした天与の才（ギフト）が備わったことについて，その影響に感謝するのです。それらが支えとなって手助けしてくれたおかげで，自分にその才が備わったことを感謝するのです。

- 最後に，もっとも大切なこととして，少し時間を取り，この資質が備わっていることについて，自分自身を正しく評価しましょう。ささやかなことであっても，私たちを驚嘆で満たしうることを憶えて

おいてください。それらに注意を向けるだけでいいのです。

●準備が整ったら，そっと目を開けましょう。

少し時間を取り，この実習が自分にとってどのようなものだったかについて，振り返りましょう。たぶん，かなり明快でわかりやすいものだったのではないでしょうか？　ただ，一部の人にとっては，けっこう難しかった可能性もあります。もしあなたがその一部の人であるなら，あなたは独りぼっちではないことを知っておいてください。それにこれは，練習をすれば簡単にできるようになっていきます。私たちは自分のよい資質を正しく評価することに慣れていません。たいていの人は，他者のよい資質を評価することにはなんの問題もありませんが，こと自分自身に注意を向けるとなると，罪悪感を抱いたり，わがままだと感じたりするのかもしれません。

大丈夫ですよ。自分自身を大切にし，自分の真価を認めることには，なんの問題もありません。もっとはっきり言えば，本書はそのためのもの，つまり，自分に優しく接することが，ストレスや自分への厳しさを減らすことにどう役立つかを理解するためのものです。あなたは，自分に優しく接することで自信を深められるようになり，その結果として，与えるものが増え，他者にとってよりよい友人になることができます。あなたは今，自分の強さとレジリエンスを育みつつあります。そうすることで，自分自身の力になるだけでなく，ほかの人たちの力にもなろうとしています。

まとめ

驚嘆，喜びになりうることは，至るところに——あなたの周囲にも内面にも——あり，ちょっと足を止める時間を作り，自分の人生にあるそうしたものに気づいて自覚するだけで，最後には，より幸せだと感じるようになります。暮らしの中に生まれる驚嘆の瞬間を自覚することは，マインドフルネスの一環です。それらが人間らしい体験，共通の人間性の一部だと気づきましょう。私たちは人間として，誰もが驚嘆と喜びを経験する能力をもっています。

第4章　ささやかなことの中に驚嘆を見つける　63

喜びの感情にたっぷり浸ることは，それ自体，自分に優しくする行為です。

　セルフ・コンパッションの3要素は，マインドフルネス，共通の人間性，自己への優しさですが，驚嘆はそのマインドフルネスを実践し，共通の人間性の理解を深め，自分に優しくなるきっかけとなって，それらをひとつにまとめます。そして，おかしなことに，自分の周囲の驚嘆に注意を払っていると，それまで抱えていた問題は背景に消えていくように思われるのです。自分自身にさほど焦点を絞っているわけではないので，その結果として，心の中でどれだけ否定的であったにせよ，自己批判を続けていたにせよ，それらへの囚われが減るのです。

　後続の章では，本書の前半で学んだセルフ・コンパッションのスキルすべてを取り上げ，それらを使って，日々遭遇する種々の苦闘——学校にまつわるストレス，ソーシャルメディアに関する難題，人間関係や身体の問題への対応のほかにも，一部のティーンのために 性 自 認 と性 的 嗜 好 の問題——に取り組んでいきます。セルフ・コンパッションの実践は，日常生活で出くわすさまざまな苦闘と，それらに直面したときによく生まれる自己批判との取り組みに役立つツールを自分自身に与えることにほかなりません。

第5章

学校のストレス
そんなものに負けなくていい

　たとえば歴史の授業で，金曜日が締め切りの大きなグループ・プロジェクト
があるとしましょう。あなたが加わることにしたグループは，控え目に言っ
ても，ろくに作業をしていません。メンバーの誰にも，ほかにもっとやり甲
斐のあること——少なくとも彼らにとってもっとやり甲斐のあること——が
ありそうです。他方，あなたは，このプロジェクトでちゃんとした評価を
もらいたいと思っています。あなたはこれまでのところクラスでA評価をも
らっていて，このプロジェクトは自分の評価にとっておおいに価値のあるも
のです。けれども，チームメイトたちはチームらしい行動を取ろうとしない
ため，あなたの苛立ちは募る一方で，自分自身に対する怒りもふくらむ一方
です。なんでもっと慎重に判断しなかったんだろう。あの人気者連中がぼく
と組んでもいいよと言ったとき，もっとよく考えて，独りで何もかも背負い
込んでお手上げになると判断すべきだったんだ。

　自分はなんてバカだったんだと，あなたは感じています。人気者のクラス
メートたちと一緒に作業をしたいと思ったがために，それだけで，結局ひど
い評価をもらうことになるのです。その上，明日は，数学のとんでもない試
験があります。今学期に学んだすべてが試験範囲になっているのです。それ
なのに勉強に集中できません。このいまいましい歴史プロジェクトのことや，
分担作業をきちんとやる賢明なクラスメートではなく，あんな連中と組むこ
とにした自分の愚かな決定のことが頭から離れないのです。

65

他者からのプレッシャー

　学校のストレス——これはときに，とてつもない力で圧倒してくるように思われます。現に山のような宿題がある上に，両親からは，よい成績を取ることがよい大学に入るためにどれほど大切かを口うるさく言われます。両親によれば，よい大学に入らなければ，一生をふいにすることになります。

　さらに，教師陣は，成績がきわめて重要なのは経歴として未来永劫残るからだと繰り返します。それがどういう意味かはわからなくても，いかにも恐ろしげです。そして，スクール・カウンセラーは，あなたはもてる力を出し切っていないと——これがどういう意味であれ——言いつづけます。あなたがどれほどの力を秘めているのか，彼らにどうしてわかるのでしょう？

　このプレッシャーはときに，耐えがたく感じられます。そして，あなたは，ただもう叫びたくなります。さもなければ，自室の片隅でテレビドラマ・シリーズ『ストレンジャー・シングス　未知の世界』を一気見したくなります。

　このストレスを軽減するには，どうしたらいいのでしょう？　まず，あなたは独りぼっちではないということを，よく理解してください。米国心理学会（American Psychological Association: APA）によれば，ティーンの83％が学校をストレスの重要な原因だと言っています（APA, 2014）。

　次に，これがあなたの過ちではないことをよく理解してください。21世紀の学校は，子どもたちにとんでもないプレッシャーをかけ，頑張れと迫っています。過去30年の間に，数多くの学校で飛び級の数が劇的に増えていて，学校側は飛び級するよう生徒たちを鼓舞します。ひとつには，生徒がより高いレベルのクラスに入れば，その学校のイメージがよくなるからです。高校生はしばしば，夏休みに宿題を課せられますが，少し前まで，夏は学業を実際に休止して，休息しリラックスする期間を意味していました。それより何より，大学への受験競争が次第に激化してきています。そして残念ながら，一部の人はあなたを，本当に大切なこと——たとえば，どういう人柄か，寛大かどうか，親切かどうか，よい友人かどうか等——ではなく，成績，卒業生の中での順位，入学する大学などの外的要因で判断します。

社会がティーンにプレッシャーをかける結果として，ティーンは高レベルのストレスを報告しています。米国心理学会はティーンを対象とした調査を行ない，2014年，27％のティーンがその学年度のストレスを10段階評価の8，9，10であると報告したことを伝えています。さらに，31％のティーンが，そのストレス・レベルは前の学年に高まったと言い，34％のティーンが，自分のストレス・レベルは次の学年で高まると思うと答えています。

最善を尽しても，期待どおりになれない

　あなたはひょっとしたら自分自身にプレッシャーをかけ，周囲のあらゆる大人が期待するとおりの成功者になろうとしているかもしれません。でも，おそらくあなたの中の小さな声は悲鳴を上げていることでしょう。「こんなの，私の手に負えないよ！　そんなに頭がいいわけ，ないもん！　そんな才能は私にはないよ！　なんでのんびりしちゃいけないの？　なんでありのままの私でいちゃいけないの？　どうしてこのままじゃダメなの？」

　誰もがあなたに，完璧な優等生であれ，州代表アスリートであれと望み，そうならなくてはならないというこのプレッシャーの真っただ中で，どうしたらありのままの自分でいられましょう？　ひょっとしたらあなたは，その期待どおりにはとてもなれそうにない，学業を楽々こなす優等生にはなれそうにないという理由で，自分はまったくのダメ人間だという気分になっているかもしれません。どういうわけか誰もが，あなたは優等生であるべきだと考えているのです。あなたはどうしたらいいのでしょう？

　ひとつ，いい考えがあります。ストレスの原因になるこの狂気の沙汰のただ中で，あなたがあなた自身の親友になるのです。あなたがあなた自身の支えになるのです。自分自身のためにそこにいて，心を落ち着かせてあげ，万事うまくいくから，どうにかして結果を出せるからと自分に言い聞かせるのです。言い換えると，もし親友が同じ状況を体験していたら，その親友にかけてあげるだろうと思う言葉をそっくり，自分自身にかけてあげましょうということです。その言葉を親友にかけられるのなら，自分自身にもかけられ

第5章　学校のストレス　　67

ますよね？

　そして，もし自分が自分の親友であることが重要なのかどうか，あまり自信がなかったら，それについては，次のように考えましょう。研究から，自分自身に優しくする方が，ストレスが減り，落ち込みが減り，不安が減ることがわかっています。そして，当然ながら，ストレス軽減は学校の成績向上に役立ちます。つまり，自分に優しくすることは実際，長い目で見ると，学校関連のストレスを減らし，よりよい結果を出すのに役立つ可能性があるということです。

　次の実習では，これをどのように行なえばよいかがわかります。この瞑想は「思いやりのある友人」と呼ばれているもので，オリジナル版は，「コンパッション・フォーカスト・セラピー（CFT）」の創始者ポール・ギルバートによるものです。本書に収録しているのは，ティーン向けのセルフ・コンパッション・プログラム「メイキング・フレンズ・ウィズ・ユアセルフ」から引用しています。この実習——および，実は本書に収録したすべての実習——を行なうときに忘れないでいただきたい重要な点は，ゆっくり行なうということです。急いではいけません。ここは学校ではありませんし，実は，すばやくやっても，効率や効果が上がるわけではありません。言葉が深く沁み入っていくようにすることが重要であり，そうするためには，時間をかけてゆっくり進まなくてはなりません。そうすることで，魔法はよりよく働きます。

瞑想

思いやりのある友人

この瞑想の音声ガイドは，
http://www.newharbinger.com/45274 でダウンロードできます。

- 座るか横になるかして，目を閉じ，深呼吸を数回しましょう。身体の力を抜き，椅子なり床なりに自分を支えてもらいます。呼吸をす

るたびに，心の解放とリラクセーションを少しずつ進められるかどうかをチェックしてください。

- では，自分が安心して，心地よくリラックスできる場所を思い描きましょう。これは現実の場所でも想像上の場所でも構いませんが，楽に呼吸ができ，いかなる心配事も手放せる場所でなくてはなりません。その場所はたぶん自然の中の，浜辺とか，近くを小川が流れる森の中などにあるでしょう。あるいは，自分の寝室の片隅とか，親友の家の居心地のよい部屋かもしれません。漂う雲の上など，想像上の場所でもいいでしょう。とてつもなく柔らかなキルトでいっぱいの部屋かもしれません。その場所を，できるだけ細かいところまで――音やにおい，身体に生じている感覚，とりわけ自分がその場所でどう感じているかを――想像しましょう。

- ほどなく，訪問客があります。心の温かい優しい友人が訪ねてきます。この友人は，あなたのことを心から大切に思っていて，まさにありのままのあなたを受け入れています。その友人は実在の人物――友人，祖父母，大好きな先生など――でも，読んだ本の登場人物，ペット，スーパーヒーロー，漫画や映画の登場人物でも構いません。あるいは，自分が心の中で創造したなんらかの存在でも大丈夫です。この訪問客をできるだけ細かなところまで想像しましょう。特に，その存在と一緒にいるとどう感じられるかを，詳細に想像してください。

- やがて，あなたはこの優しい友人に挨拶をします。あなたには選択肢があり，自分の安全な場所を出てその友人に会うこともできますし，友人を中に招き入れることもできます。いずれを選んでも大丈夫です。自分にとって心地よい方を選びましょう。そして，今そうしているところを想像してください。

- 今度は，相手とちょうどよい間隔――自分にとってぴったりだと思う間隔――を取って座っているところを想像しましょう。あなたはこれ以上ない心地よさと安心を感じ，完全に受け入れられ愛されて

いると感じています。これはまさに，あなたが今いるべき場です。

- 少し時間を取り，この特別な友人と共にいて，自分がどう感じているかを楽しみましょう。この存在は今あなたと共にここにいて，あなたがあなたであることがどういうことかを正確に理解し，あなたが今，人生のどういう状況にいるのか，あなたが何に苦しんでいるかも正確に理解しています。そして，あなたが今，自分の人生の状況に関して最善をつくしていることも了解しています。あなたのことをほかの誰よりもよくわかっていて，あなたを心から愛し，そっくり受け入れています。失敗したときでも，いえ，とりわけ失敗したときに，そうしてくれます。

- この存在には，何かあなたに伝えたい大切なことがあります。**あなたがまさに今，ぜひとも聞いておかなくてはならないこと**です。相手の伝えたい言葉，慰めとなり支えとなる優しい言葉をじっくり聞くことができるかどうかをチェックしましょう。それはたぶん，「歴史のプロジェクト・チームにあんな子たちを選んだからって，そんなに自分につらく当たらないで。受け入れてもらい愛してもらいたかっただけなんだから。それはとっても人間らしいことで，誰だって愛してもらいたいと思うものだから」というような言葉でしょう。そして，もしなんの言葉もなかったとしても，それはそれで大丈夫です。思いやりのある友人といっしょにいることを，ただ楽しんでください。

- さて，あなたにもたぶん，この友人に伝えたい言葉があるのではないでしょうか？　この友人はとても聞き上手で，あなたのことを完全に理解しています。さあ，何か伝えたいことはありますか？

- 最後にもうしばらくこの友人といっしょにいるのを楽しんだら，別れを告げましょう。でも，必要になったら，いつでもまたこの友人を招待できることが，あなたにはわかっています。

- 今あなたは再び，自分の安全な場所にひとりでいます。しばらくの間，今起きたことについて考え，自分が聞いた言葉についても振り

返りましょう。

- そして，この瞑想が終わる前に，この思いやりのある友人は**あなたの一部分**（パート）であることを，どうか思い出してください。あなたが感じていた愛にあふれた存在（プレゼンス）と，あなたが聞いた言葉は，あなた自身の深層の一部です。今感じている慰めと安らぎは，いつでもあなたの内面のその場所にあります。必要なときにはいつでも，この安全な場所とこの思いやりのある友人のところに戻ってこられることを知っておいてください。
- では，注意を自分の呼吸に戻し，準備が整ったと感じたら，そっと目を開けましょう。

　優しい友人が実際には自分自身の一部分であったという点について，驚きましたか？　たいていの人は——大人でもティーンでも——この瞑想を終えたとき，友人というのが実際には自分の内面の声であることに，しばしば驚きます。でも，驚くようなことじゃありませんよね？　だって，心の中にこの存在を創造したのはあなた自身だからです。この存在がどのような様子をしていて，どのような言葉を発し，いっしょにいると自分がどのような気分になるのかは，あなたが考え出したのです。ですから本当に，あなたの内面には，愛にあふれた優しいこの声が常にあるということなのです。そして，優しいこの声は，あなたの必要に応じて，あなたを支え，あなたを受け入れてくれます。これがあなた自身の本当の声です。

失敗を怖れる

　では，もし愛にあふれた優しいこの声が常に自分の内面にあるとしたら，どうして普段は聞こえないのでしょう？　対照的に，頑張りが足りない，もっとよい結果が出せるはずだと言って，休みなく怒鳴りつづける不快で批判的な大声は，いつも聞こえます。そして，自分の一部は間違いなくこの声に耳を傾け，もっと頑張りさえすれば，もっとできたのにと信じています。もっ

第5章　学校のストレス　71

と頑張っていれば，あのよい評価がもらえたのに，学校の演劇で役がついたのに，オーケストラの首席奏者になれたのに，あのチームに入れたのに……。

　私たちはこの声に耳を傾けます。それが習慣になっているからです。生涯ずっとこれをしつづけるからです。自分に厳しくするのが習慣になっている理由はたくさんあります。そのひとつは，自分に厳しくすればもっと結果を出せると考えるからです。自分に優しくすると，ソファから離れられない太っちょのように，結局は，チップスをほおばりながら，ネットフリックスを見つづけるようになるのではないかと考えるからです。

　興味深いことに，研究では，その逆であることがわかっています。つまり，自分自身に対する優しさが増すと，新しいことを試す傾向が高まり，成績も上がる傾向にあるというのです。失敗をあまり怖れなくなるのです。

　えっ？　ちょっと待った。失敗を怖れる？　お願いだから，これ，説明してと，あなたは思っているかもしれません。

　折に触れ，人はよく新しいことを試したがらなくなります。失敗を怖れるからです。あえて危険を冒して新しいことを試すより，安全策を取り，やり方をよく知っていることをしようとします。もしそう感じているなら，ときにそう感じる人はたくさんいることを知り，それはごく自然なことだと知ってください。

　人はときどき，あきらめの境地に到り，それ以上は試そうとしなくなることもあります。

デイヴの場合

　デイヴの例を見てみましょう。デイヴは学ぶことが好きで，頭もとてもよかったのですが，障害のせいで，読みの習得にとても苦労していました。小学校低学年の成績は抜群でしたが，読みが本当に重要になり，他のどの科目でも読みが必要になるころには，奮わなくなっていきました。4年生，5年生ともなると，理科，歴史，国語（英語）はもちろん，算数ですら，よい成績を取るにはしっかりと読めなくてはなりません。デイヴは，それが

あまりにつらくて頑張りつづけることができなかったのですが，彼に障害があることは誰にもわかっていませんでした。高校に入学するころには，学校のことはあきらめ，もう努力はしないようになっていました。努力したって，どっちみち失敗するなら，なんでわざわざ……と，彼は考えました。本当に悲しかったのは，彼は数学が抜群だったのに，努力しなかったせいで，誰ひとり——彼自身を含めて——彼の頭の切れを理解できなかったという点です。

　本気で努力したことがない場合，努力したら結果が出せる可能性がまだあります。ただ，実際努力するとしたら，失敗するリスクを冒していることになります。このリスクのせいで，最善を尽くして結局失敗するくらいなら，安全策を取り，自分が結果を出せるかどうかを知らないでいる方がましだと考える人もいます。
　今の話は自分のことのようだと，あなたは思っているかもしれません。そんなあなたはおそらく今，学校で最善を尽くしてはいないでしょう。たぶん失敗を怖れていて，そのせいで，宿題をやっているべきときに，ビデオゲームに長時間を費やすのでしょう。失敗するのは，それだけでも十分にきついことですが，最善を尽くしても失敗するのは，はるかにきつい可能性がある上に，怖さもひとしおです。

デメトリウスの場合

　デメトリウスは，通常の英語クラスを取るか，もう少し難しいクラスを取るかを選ぶことができました。英語は彼の一番得意な科目で，両親は，難しい方のクラスを取るべきだと考えました。けれどもデメトリウスは，難しい方を取ってよい成績が取れなかったら，ひどく恥をかくとわかっていました。というのも，彼はずっと自分は文章を書くのがうまいと思ってきたからです。実際，英語ではいつもクラスのトップのひとりで，彼が時々「シェイクスピア」と呼ばれるのは，英語の成績がずば抜けているからで

す。彼は英語のクラスで目立つことで，肯定的な注目を集めていて，それが気に入っていたので，「たぶん安全策を取って通常のクラスを取りつづけるべきだろうな」と考えました。そのクラスなら結果を出せることがわかっているからです。難しいクラスで目立たなくなるという冒険はしたくありませんでした。それに，落第しないとも限らないし──。

　誰しもある程度は失敗を怖れます。それは，他者に受け入れてもらいたい，属すべきところに属していたい，なんらかのグループの一員でありたいと思うからです。そう思うことにはなんの問題もありません。それは人間としての在りようの一部です。居場所を必要とするのは，誰もがもつ基本的要求です。それを求めるのは，受け入れられている，愛されている，他者とつながっていると感じるのに役立つからです。

　けれども，失敗することに対する怖れが，最善を尽す能力の妨げになる場合，この怖れについて，私たちには何ができるでしょう？　どうすれば失敗を怖れることなく──あるいは，失敗を怖れる気持ちを少しだけでも減らして──難題に挑戦できるのでしょう？　そして，自分に優しくすることの何が，なんらかの形でこれへの対処に役立つのでしょう？

　お察しのとおりです。そう，セルフ・コンパッションです。自分への優しさが増すと，失敗を怖れる気持ちが弱まり，挑戦する力が高まることは，研究が明らかにしています。難しい英語のクラスに挑戦することはもちろん，新しいスポーツを試してみること，新しい楽器に挑むことについても言えることです。

　新しいセルフ・コンパッションを実習してみましょう。これは通常，フォーマル・プラクティス（決まった型に従って行なう実習）として10分前後の時間を確保して行なうものですが，ストレスを感じたときに，型には縛られずに，さっと実践することもできます。

　第3章で，自分にぴったりの優しさのフレーズを見つけましたね。今度はそのフレーズを活用して優しさの実習を行ない，自分に優しくする習慣を身につけられるようにします。そして，忘れないでいただきたいのは，私の友

人で共に教鞭をとるローラ・プロクナウ・フィリップスが好んで言うように，「これはパイとは違います。与える優しさの量は有限ではありません」。言い換えると，自分に優しくしたからと言って，他者に与える優しさが減るわけではないということです。それどころか，自分に優しくすることで自分を満たすことができるので，実際は他者に与えるものが増えます。これはセルフ・コンパッションの興味深い点です。自分に与えれば与えるだけ，他者に与える分が増えるのです。

瞑想

自分のための優しさ

この瞑想の音声ガイドは，
http://www.newharbinger.com/45274 でダウンロードできます。

- 「自分自身のフレーズを見つける」というエクササイズを行なったときに思い浮かんだ言葉やフレーズを思い出してください。そのフレーズをちょっと見て，復習したいと思うこともあるでしょうから，その場合は必要に応じて，そうしてくださいね。では，そのフレーズを今，思い浮かべましょう。
- この瞑想は，リラックスを心がけつつ行ない，適切にできたかどうかについてはあまり心配しないようにしてください。そのフレーズに仕事をしてもらい，自分はお風呂の湯に浸かってリラックスさせてもらっているという気分でやりましょう。
- では，座るか横になるかして，楽な姿勢を取り，目は完全に閉じるか，半開きにするかします。深呼吸を数回して，自分の体内へと落ち着いていき，息を吐き出すごとに，身体が椅子なりソファなりに少しずつ深く沈み込んでいくようにしましょう。
- 片手を心臓の上辺りに置きます。置く部位は，心地よく感じられ，支えられていると感じられる部位なら，どこでも構いません。こう

第5章　学校のストレス　75

するのは，この瞑想全体がまさにこの瞬間に自分自身に優しくするためのものであることを思い出すためです。

- 自分の呼吸をもっとも感じやすい部位で，その動きを感じてください。いっときにひと呼吸ずつ，自分の呼吸の静かなリズムを感じましょう。もし注意が散漫になりはじめても，自分を批判する必要はありません。ただ，呼吸の静かな動きに注目し直すだけで大丈夫です。

- 数分間，呼吸に注意を向けたら，その集中を解き，自分が思いついた言葉かフレーズ──自分にとってもっとも意味のあるもの──を，自分に向けて言いましょう。自分自身の耳にそれを囁きかけているところを想像してください。あなたには，しなくてはならないことは何もありません。行かなくてはならないところもありません。宿題も日常の面倒な雑用もいっさいありません。今すべきことは，その優しい言葉にひたすら耳を傾け，その言葉があなたを隅々まで洗い，あなたの中を流れ，あなたという存在を満たすようにすることだけです。

- 心がさまよっていることに気づいたら，いつでも，ただその言葉に戻ります。何度でも，必ずその言葉に戻ることが大切です。その言葉が自分の拠点であるかのように，自宅に帰るように，何度でもそれに戻るのです。

- さらに数分，心の中でその言葉やフレーズを自分自身に繰り返しましょう。そして，動く準備が整ったら，そのフレーズを手放し，自分自身の身体の中に1〜2分静かに留まります。そののちに，ゆっくり目を開けてください。

　この優しさの実習は，とても捉えにくいものになる可能性があります。実践しても──たとえ毎日やっても──しばらくの間なんの違いにも気づかないことがよくあります。そしてある日，自分自身に対して以前ほど厳しくなくなっていることに気づくかもしれません。著名な瞑想指導者であるシャロ

76

ン・サルツバーグは，初めて優しさの実習をしたとき自分に起きたことについて語っています。

　彼女はそのとき，ある黙想会にいました。それは，1〜2週間集中的にこの実習を行なうためのリトリートでした。彼女は集中して「ラヴィング・カインドネス」（愛にあふれた優しさ）の実習を行なっていましたが，1週間ほどしても，なんの違いにも気づかず，少し動揺しました。その後，自室でうっかりガラスの花瓶をひっくり返したとき，とっさに自分に言い聞かせた言葉が，「ほんとに，ドジね！　それでも，あなたのこと，大好きよ！」であったことに気づきました。もし1週間優しさの実習をしていなかったら，「それでも，あなたのこと，大好きよ」と付け加えることはまずなかったと思うと，彼女は言いました。

　もうひとつ，ユダヤ人の伝統に由来するストーリーがあります。ひとりの学生がラビ（聖職者）に，ユダヤ教の聖典「トーラー」に，聖なる言葉──優しさを伝える言葉──を心「の中」ではなく，心「の上」の置くと書いてあるのはなぜかと訊ねました。ラビは答えて言いました。「私たちの心はしばしば閉じています。というのも，人生で苦しみもがき，傷ついているからです。心は苦しみでぴっちり閉まっているのです。それでもいつか，心がパッと開くときが来れば，上に置いた優しい言葉は中に落ちていきますからね」

　ですから，この優しさの実習を行なうのは，自分という人間を変えるためではないのです。ただ心の上にその言葉を置いておくためなのです。いつか心が和らいだら，自分はその優しい言葉を間違いなく聞き，それらを自分の中核の深くにまで取り入れるはずだとわかっているからです。いつかその言葉は，自分という人間にとって不可欠なものとなり，私たちはその言葉を心から信じるようになります。そして，そのときが来ると，自分自身の見方はすっかり変わっていて，失敗をあまり怖れなくなり，ストレスを感じないで挑戦することが，以前よりも楽にできるようになっているのです。

　あなたは今，考えているかもしれません。「**でも，1年か2年したら大学入試だし，成績のことを考えたらストレスだらけで，言葉が沁み入ってくるのを待ってなんかいられやしない！　だって，今，びびってるんだから！**」

第5章　学校のストレス　　77

そんなあなたに，今すぐ提供できる実習がもうひとつあります。これはほぼマインドフルネスの実践と言えるもので，不安の軽減にとても役立ちます。

エクササイズ

手のひらでいろいろなことをする

このエクササイズの音声ガイドは，
http://www.newharbinger.com/45274でダウンロードできます。

これは，形式ばったものではなく，これを行なうと，すぐにも簡単に，今という瞬間に集中することができます。

- 片方の手のひらを開きます。それをじっくり見て，手のひらの皮膚の，わずかに異なるさまざまな色合いに注目しましょう。つづいて，たくさんある皺（しわ）を細かく見ていきます。皺が互いにどうつながり合っているか，大きな中心的な皺から出ている小さな皺がどう存在しているかなどに，注意しましょう。大きな皺，小さな皺，手のひらの他の部分の間に見られる配色の差異にも注目してください。

- 手をストレッチし，指をやや反らせて，手の皮膚がピンと張るようにします。手の皺に何か変化が生じたことに気づきましたか？　このように手をストレッチすると，手はどんな感じになりますか？　どんな感覚が生じることに気づきますか？　手をもっと広げたら，何が起きるでしょう？　今，あなたは何に気づいていますか？　このストレッチを1分以上続けるのは，いかがですか？　何か考えが浮かんでくることに気づきましたか？

- では，手の力を緩め，指が自然にやや内側に丸まるようにしましょう。こうすると，感じ取れる感覚がどう変化し，手のひらはどんな様子になりますか？　さらに手の力を抜いていくと，指と手のひらに何が起きるか，見てください。手の色や皺に，何か変化がありま

すか？　浮かんでくる考えに何か変化がありますか？

- 次に，もう一方の手の指を1本使い，手のひらの皺をそっとなぞりましょう。身体に生じる感覚に注意を向けてください。手のひらと指との接点に注意を集中しつづけます。どんな感じがしますか？

- つづいて目を閉じ，その指で手のひらにゆっくりぐるぐると輪を描きながら，その感覚に注意を集中しつづけましょう。心がさまよいはじめたら，手のひらの指の感覚に，そっと注意を戻します。手のひらから各指の先端までなぞると，どんな感覚が生じるかに注意を払いましょう。

- これは好きなだけ続けてかまいません。準備が整ったら，そっと目を開けてください。

　このエクササイズをしていると，自分があまり心配をしていないし，ストレスもそんなに感じていないことに気づいたかもしれません。それは，自分の感覚——視覚と触覚——を使って，今という瞬間に留まっているからです。既に学んだとおり，身体に生じる感覚に注意を向けると，今という瞬間に留まりつづけるため，心配と不安が生じる過去と未来を手放すことができるのです。

　このエクササイズのよいところは，どこにいてもできることです。スクールバスに乗っているときでも，病院で順番を待っているときでも，教室で試験の開始を待っているときでもできます。とにかくこっそりと——誰にも気づかれないように——手のひらに注意を払うことができます。手の皺や皺をなぞる感覚に注意を戻そうとしつづけるかぎり，心は，ストレスを感じているストーリー——たとえば受ける予定の試験に関するストーリー——を手放しつづけるので，感じる不安は減るはずです。

第5章　学校のストレス　　79

まとめ

　学校にまつわるストレスは急激に高まっています。その多くは社会や学校そのものからのプレッシャーに起因しています。このストレスに対処するひとつの方法は，自分自身の優しい友人になり，自分へのプレッシャーを上乗せしないようにして，追加の圧力がなくてもモチベーションをもちつづけられることを理解しておくことです。それに，忘れないでください。研究が明らかにしていることですが，自分自身に優しく接することで，抑うつ状態や不安やストレスが実際に減る可能性があり，これは学業向上の促進に役立ち，それが次に，ストレスの負荷をさらに減らすことに役立ちます。

　もうひとつ，研究が明らかにしていることがあります。自分自身に対する優しさが増すと，これまでより楽にコンフォートゾーン（安全地帯）から出て新しいことを探求できるようになり，それが能力や知識を広げてくれるということです。「手のひらでいろいろなことをする」など，今という瞬間にマインドフルになる実習も不安の軽減に役立ち，自分に向かって言う優しい言葉のメッセージをしっかり自分のものにすることで，失敗を怖れる気持ちを減らし，レジリエンスを培えるようになり，決意をもって誠実に力強く前進することができるようにもなります。

第6章

ソーシャルメディア
自他の比較をやめる方法

　スマホを取って最新の自分の投稿をチェックすると，「いいね」がふたつし
かありません。もしあなたが私たちの多くと同じなら，あなたの内なる批評
家に支配されてしまうでしょう。**何よ，これ！　誰も私を見てないの？　私
のことも，私の言いたいことも，誰も気づいてないみたいだわ。ネットにつ
ながってたら，みんな見るはずなのに，「いいね」がふたつだけって，どうい
うこと？……下の方まで見てみよう。レティシアのには73も「いいね」がつ
いてる！　彼女，きっとどこかのパーティで楽しくやってるわね，こっちは，
しょぼいふたつの「いいね」で，家でくすぶっているっていうのに……。私
の存在感，ゼロってか。**

　ソーシャルメディアには，ときにこんな思いをさせられることもあるでしょ
う。誤解しないでいただきたいのですが，ソーシャルメディアには実にすば
らしい点もいくつかあります。時折——特に淋しいと思っているとき——そ
のおかげで他者とつながることができます。自分の部屋で腰を下ろして友だ
ちとおしゃべりし，自分たちの生活のさまざまな面について話をするのは，
とても楽しいと感じることもあるでしょう。ソーシャルメディアは，自分が
なんらかのグループに加わっていて，そのグループの一員であると感じるの
に役立つ可能性があります。けれども，ときには，どうしようもない気分に
させられることもあります。

　ソーシャルメディアの使い方と，それがあなたに及ぼす影響を探るために，
エクササイズをひとつやってみましょう。このエクササイズは若者向けに開

発されたセルフ・コンパッション・プログラムに由来するもので，アレイナ・
フェンダーの着想から生まれたものです。

エクササイズ

ソーシャルメディアを探る

このエクササイズの音声ガイドは，
http://www.newharbinger.com/45274でダウンロードできます。

このエクササイズにはペンと紙が必要ですから，必ず手元に用意して
ください。

- 最初に，目を完全に閉じるなり半開きにするなりし，少し時間をか
  けて自分の気持ちに入ります。体内に流れ込むときの息の動きと，
  体内から流れ出るときの息の動きを，感じ取りましょう。自分が今，
  どういう気持ちでいるかに注意を払い，その気持ちを書き留めてお
  きます。
- では，スマホを取り出し，インスタグラムや X〔旧ツイッター〕な
  ど，自分がもっともよく利用するソーシャルメディアのアプリを見
  つけてください。1分間そのアプリを下にスクロールし，目に入っ
  てきたものによって自分がどんな気持ちになるかに，特に注意しま
  しょう。数分かけて，どのような気持ちが湧き上がってくるにせよ，
  そのすべてに注目してください。
- スクロールしている間に生じた考えや気持ちは，どのようなものも
  書き留めておきます。以下はその例です。
  - 私には価値がない気がする。
  - 私は他の人に及ばない気がする。
  - 怒りや悲しみを感じる。
  - 刺激を受けた気がする。

- 私は力不足だと感じる。

- 楽しませてもらったと思う。

- 孤独だと思う。

- 次に，静かに目を閉じ，片手を心臓の上辺りに置きます。そこでなくても，落ち着けると思う部位なら，どこに置いてもいいでしょう。悩ましい気持ちや自分には価値がないという思いがもし浮かんでいるのなら，そんな気持ちになった自分自身を思いやってください。たぶん以下のように自分に言ってあげられるでしょう。

  - 今この瞬間，私自身に優しく接しますように。

  - 私はまさに今のままで十分だと自覚しますように。

  - 私自身の価値を認めはじめますように。

- 自分にふさわしいと心から思う言葉がなかなか出てこなかったら，今この瞬間に自分と同じ思いをしている親友がいたら，その人にどんな言葉をかけるかを自問しましょう。そののちに，もし可能なら，自分自身にその言葉をかけてください。

- ここで，ソーシャルメディアの自分の使い方に関して，さらに思いやり^{コンパッション}を込めて自分自身に接する方法が何かあるかどうか自問し，浮かんだ考えはすべて書き留めましょう。

ソーシャルメディアをスクロールして，自己批判を感じたり，自分自身についていやな気持ちになったりすることに気づいた場合，そうした感情に気づくことが，今後ソーシャルメディアをより健全に選択することにつながる可能性があります。浮かんできた不穏な感情については，自分自身を思いやることも助けになるでしょう。

「比較は喜びの盗人である」──セオドア・ルーズベルト

自分自身についていやな気持ちになるのは，ソーシャルメディアの何が原因なのでしょう？　ソーシャルメディアを使うと，多くの人々が──ティー

ンも大人も——他者とつながっていると感じることがわかっています。それは，友人たちとつながるすばらしい手段であり，新しい友人を作ることもできる手段です。けれども，直前のエクササイズで気づいた人もあるように，ソーシャルメディアには欠点もあり，孤独を感じる原因になったり，自分は「劣っている」と思う原因になったりします。

　最大の問題のひとつは，ソーシャルメディアによって比較が助長されるという点です。私たちは自分の人生を——容姿であれ，経験，時間の過ごし方，人気のほどであれ——他者のそれと比較しがちです。そして，自分を他者と比較すると，自分は足りないなど，最後はかなり不快になることも多くあります。他者の方が自分より人柄も頭もよく，魅力もあり，すべてをはるかにうまくやりこなしているように見えるのです。

　人は常に自分自身のベスト・バージョンを投稿するものであり，ときには複数のアプリやフィルタを使ってまで実際よりもよく見せようとしている事実を承知しているにもかかわらず，私たちは自分を他者と比較します。当然ながら，惨めだと感じていたり，傷ついていたりする瞬間を投稿する人など，誰ひとりいません。顔の真ん中に大きなニキビができているときのことや，ヘッドフォンを着けて独りぼっちで自室にこもり，世界を遮断しようとしているときのことも，誰も投稿しません。そのような瞬間は，ソーシャルメディアのサイトでは受けません。

　誰であれ，落ち込んで淋しく思い，どこにも所属していないように感じるときがあります。それは，私たちが人間だからです。落ち込むのは，こうして生きて人間という肉体に収まっていればこそです。私たちは皆，ときには落ち込むものです。それなのに，なぜ落ち込んでいるとき，さらに気分が悪くなることが多いと知りつつ，私たちはスマホに頼るのでしょう？

所属の必要性

　私たちは人間として，他者とつながり，属するべきところに属していると感じ，なんらかのグループの一員であり，受け入れられることを切実に必要

としています。単に生物学的にそのように配線されているだけですが，この居場所または所属の必要性は数多くの私たちの行動を方向づけします。排他的な閥が学校で形成されるのは，それらがあることで，学生たちが所属感を得られるからです。ネットフリックスの連続ドラマ『13の理由』は，受け入れてもらい他者とつながることの必要性をテーマにしています。それに，ファッションの流行について考えてみてください。特定のファッションが流行するのは，他者が着ているものを着たいと思うからであり，そうすることでそのグループの一員でいられるからです。広告会社は，特にティーンがつながりたいという気持ちをもちがちなことをよくわかっていて，溶け込みたいというティーンの希望にアピールするような，ティーン向けの広告を作成します。

　進化の観点からすれば，所属の必要性はとてもよく理解できます。私たちが仲間集団を必要とするのは，ゆくゆくは配偶者を見つけて種を存続させるためです。したがって，所属することを本能的に必要とすることで，実は，安全な場——つながりの断絶を感じることがなく，守られていると常に感じられ，自分がどういう人間かを誰もが知っている場所——を見つけられるようになるのです。言い換えると，自分という人間を知ってもらい，そうした人間として認めてもらうことで，それを一助として，私たちは安全だと感じるようになるということです。その見地に立てば，友人をもち，グループの一員となることは，実は生き残るためにきわめて重要なことなのです。

　友人をもち，グループの一員になりたいと思う気持ちは，まったく自然なものです。それは，私たちが人間であるということにほかなりません。友人は支えと安心感を与えてくれますし，守ってもくれます。

　ところが，ソーシャルメディア上では，この所属感が脅かされます。ソーシャルメディアは，自分がグループの一員ではないという点や，他者の方が自分より優れているから，自分より受け入れられる可能性が高いという点をずっと指摘しつづけるからです。

　もしソーシャルメディアのせいで不快になっているとしたら，そのせいで内なる批評家の引き金が引かれたり，自分は力不足だとか負けているなどと

第6章　ソーシャルメディア　　85

感じたりしているとき，どのようにしたら自分の気持ちを鎮めることができるのでしょう？　エクササイズを行なって，答えが見つかるかどうか見てみましょう。

エクササイズ

私には何が必要?

このエクササイズの音声ガイドは，
http://www.newharbinger.com/45274 でダウンロードできます。

- 腰を下していられる心地よい場所を見つけましょう。肩の力をすっかり抜き，目は，もし閉じている方が楽なら閉じてください。深呼吸を数回して，その場に落ち着きましょう。呼吸が速くならないようにします。時間をかけて十分にリラックスしなくてはなりません。ひと呼吸ごとに，椅子なりソファなりに少しずつ深く沈み込んでいくようにしましょう。
- では，少し時間を取って以下について考えます。もし自分の耳にささやきかける言葉を見つけることができて，必要になったらいつでもそれを聞くことができるとしたら，それはどんな言葉になりますか？　その言葉について，誰にも話す必要はありません。あなただけのものです。一番聞きたいと思うのは，どんな言葉でしょう？
- たとえば，次のような言葉かもしれません。
  - あなたは安全だ。
  - あなたは強い。
  - あなたは受け入れられている。
  - あなたは所属すべきところに所属している。
- では，これらの言葉を実際に聞いているところを想像しましょう。それは自分自身の本当の声が発する言葉であり，その言葉が耳元でささやかれているのが聞こえます。その声は，温かみと無条件の愛

がこもった力強く揺るぎないもので，なおかつ，穏やかで優しいものです。その言葉が何度も繰り返しささやかれるのを聞きましょう。

- たとえば，次のような言葉かもしれません。
  - あなたはきっと大丈夫。
  - あなたは，今のあなたのままで完璧だ。
  - あなたは愛されている。
  - 何もかも，きっとよくなる。
  - あなたには，あなたに必要なものがすべてそろっている。
- その言葉を繰り返している間，サポーティヴ・タッチ〔第3章参照〕が役立つこともあります。心臓の上辺りに片手を置いたり，上腕をさすったりするといいでしょう。あるいは，握りこぶしを心臓上部に置き，もう一方の手をそれに重ねてもいいでしょう。数分かけて，その言葉に耳を傾けてください。それが自分の中に沁み入ってくるようにします。何度も何度もその言葉を聞きましょう。その優しい言葉，あなたがどうしても聞かなくてはならないその言葉を，しっかり吸収してください。
- では，今どんな感じがしているかに注意を向けましょう。それまでとはほんの少し違った気持ちになっているかもしれません。あるいは，気持ちが大きく変わっているかもしれません。どのように感じていようとも，それで大丈夫です。

このエクササイズを終えて，気分がよくなっているなら，申し分ありません。そうでない場合は，自分に都合のよい別の機会に，もう一度やってみてもいいですし，これは省いてしまっても構いません。知っておくべき大切なことは，自分自身の本当の声を聴こうという意志を示しているということです。あなた自身の本当の声は，あなたのことを心から気遣い，あなたにとってベストな状態を望み，あなたに心をこめて語りかけます。この声を聴き，それによく注意を払い，それが言おうとしていることを真に聞き届けるには，幾分なりとも勇気が要ることを憶えておきましょう。そして，そうするだけ

第6章　ソーシャルメディア　　87

の勇気が湧いてくると，もう一方の声——内なる批評家やソーシャルメディアの声など——は背景に消えていく傾向があります。

スマホから離れる……ほんのわずかな時間でも

スマホとソーシャルメディアから一歩離れるというのは，興味深い実験になることもあります。離れられない——あるいは，離れたくない——と感じることがよくあるとしても，やってみると，以下のカーリータが気づいたような興味深い結果が得られます。

カーリータの場合

カーリータはいつもスマホをいじっていました。インスタグラムなど，自分のさまざまなソーシャルメディアをスクロールしていると，自分は友人たちとつながっていると感じることが時折ありました。彼女が友人たちの投稿を見て，「いいね」をクリックしたりコメントを入れたりすると，友人たちはコメントに返信してくれました。そうしていると心地よく感じ，受け入れられている気がしました。自分には，はっきりした親しい友人グループがあるというような気持ちになったのです。そうした会話を，自分が尊敬している相手との間で交しているとき——たとえば，学校の人気者が自分の投稿にコメントをくれたときなど——は，特にそういう気持ちが強まりました。

けれども，一方で，そうでないときもありました。たとえば，誰かがパーティですごく楽しんでいる友人たちの画像を投稿したのに，カーリータはそのパーティに招待されていなかったというような場合です。そういうときにはたまらなくいやな気分になりました。それに，親友——というか，親友だと思っていた人物——が，「私の親友」というタグをつけて，新入りの少女と学校で腕を組んでいる画像を投稿したときには，ひどく落ち込みもしました。

最悪だったのは，同じ学校のある少女が映画館の外で，カーリータの片思いの相手と腕を組んでいるセルフィーを投稿したときのことでした。それは，彼女が2年前から秘かに思っていた相手でした。まるでボディブローをくらった感じで，カーリータは週末ずっと部屋にこもったきりでした。母親は，何を言っても娘が聞いてくれないため，スマホが娘に及ぼしている影響を心配して，2週間，スマホを取り上げました。カーリータは人生が終わったも同然だと思いました。友人たちとまったくつながれないなんて！──そして，気が変になりそうだと思いました。

　けれども，その後の展開を知ったら，あなたはきっと驚きます。カーリータは，ほかのいろいろなことを自分が楽しんでしていることに気づき，実際，いつもスマホに手を伸ばさないでいられることにほっとしていました。たとえば彼女は，自分が絵を描くのが好きなことに気づきました。すると母親は，デッサン用の鉛筆とペンを新たに買ってくれました。それに，愛犬を森で散歩させることにも，また興味をもつようになりました。幼いころには母親と一緒によく犬を散歩させていたのに，すっかりご無沙汰だったのです。

　というわけで，実際のところ，ときにはスマホから離れると，すべての通知に応答しなくてはならないという重荷から，自分を解放することができます。注意を逸らされることなく，ひたすら自分の考えに向き合うことができるようになります。今，夕飯を食べているにせよ，友人たちとおしゃべりしているにせよ，宿題をしているにせよ，そのこととスマホで進行していることとの間で板挟みにならずに済みますから，少しスマホから離れて，いっときにひとつのことだけするようにしましょう。

　夕飯を食べる。
　友人たちとおしゃべりをする。
　宿題をする。

これについて，研究がどういう報告をしているか，見当がつきますか？　宿題をしているとき，スマホが隣の部屋にあると，集中が高まります。**たとえ電源を切り，机に向かっている自分の横に置き，絶対手に触れないようにしたとしても，隣の部屋に置いておく方が，やはり宿題ははかどります。**「それ，なんかおかしいんじゃない？」と思ったかもしれませんね。たとえテーブルの上にあるだけで，こちらに干渉してこないとしても，やはりスマホにはひどく気を散らされるので，見えない場所に置いておく方が，効率が上がるのです。

ソーシャルメディアは，コントロールされる前にコントロールする

　ソーシャルメディアをコントロールする簡単な方法を，以下にふたつ紹介します。これらの方法を使えば，ソーシャルメディアを活用したいと思うときには活用できますし，活用したくないときには，それに引きずり込まれてコントロールされることはなくなります。

- 通知をオフにします。これは実に単純な操作ですが，大きな違いが生まれます。理屈は簡単です。通知がオンになっていると，「ピーン」と通知音が鳴るたびに，思考の流れが妨げられます。これは，ソーシャルメディアがあなたをコントロールしている状態です。どのようなストーリーであれ，そこで起きていることにあなたは引きずり込まれ，その後，自分がしていたことに戻るのに時間がかかることになります。かなり集中しなくてはならないこと――たとえば宿題など――をしていた場合，再び取り組むのに約25分かかることを，研究が明らかにしています。そして，もしその間に，別の「ピーン」が鳴る可能性もありますよね？　したがって，あなたはいつまで経っても完全に集中することが事実上できなくなり，宿題をするのがますます難しくなっていきます。けれども，もし通知をオフにしておき，あとで自由な時間がいくらかできたときにソーシャルメディアにアクセスすれば，これ

は，あなたがソーシャルメディアをコントロールしている状態です。いつアクセスするかをあなたが選択しているのであって，いつどのような内容が投稿されようが，あなたはそれに振り回されることはありません。

- アカウントをミュートにします。ソーシャルメディアのたいていのサイトは，さまざまなアカウントをミュートにすることができます。これはアンフォロー（フォローの解除）に似ていますが，相手は自分がフォローされなくなったことを知らないという点が，アンフォローとは異なります。もうその相手の投稿を見ることはありませんが，相手はそれを知りません。この方法は，ある人の投稿のせいで動揺するけれども，その人は自分がアンフォローしたら，理由はどうあれ怒るかもしれないという場合に役立ちます。

　重要なことは，自分自身が仕切るということです。あなたには，自分自身や他者から妨害されたり，傷つけられたり，批判されたりすることから自らを守る能力があります。どのような形であれ自分が傷つくなら，ソーシャルメディアに引きずり込まれたままでいる必要はありません。一歩離れ，自分がソーシャルメディアからどのように影響を受けているかを調べ，何か別のことを意識して選択するのは，多少の勇気が必要かもしれませんが，たぶん，そうしてよかったと思うことでしょう。

　では，ソーシャルメディアがあなたの内なる批評家の引き金を引き，自分には所属する先がないという気持ちになってしまったら，どうしたらいいのでしょう？　そんなときは，以下のエクササイズをやってみてください。このエクササイズは3部構成になっています。一度にすべてやることも，いっときにひとつやることもできます。

エクササイズ

厄介な感情に対処する

このエクササイズの音声ガイドは，
http://www.newharbinger.com/45274でダウンロードできます。

パート1：それに名前をつけて抑える

- そんなわけで，あなたはこれまでずっとソーシャルメディアにアクセスしていて，自分が動揺していることに気づいています。まず，自分が今抱いている感情に気づくことはできますか？　誰が何を言ったというようなストーリーではなく，今感じていることです。がっかりしていますか？　悲しいですか？　淋しいですか？　不安ですか？　当惑していますか？　ただうんざりしているだけかもしれません。いろいろなことをたくさん感じている可能性もあります。自分に正直になり，自分が感情をひとつでも，ふたつ以上でも，特定できるかどうかをチェックしてください。そのあと，その感情を書き留めておきましょう。

- 自分が感じていることが肯定的であれ否定的であれ，それのすべてに対して心を開き，静かな声で，その感情が何であるかを簡単に言いましょう（周囲に誰かいて，少しおかしくなったんじゃないかと思われそうなら，心の中で言いたいと思うかもしれません）。たとえば，あなたは淋しいと感じているかもしれません。その場合は，自分自身に向かって，そっと，「これは淋しさ」と言います。ピリピリしていると感じるかもしれません。その場合は，「これは緊張」とだけ言います。つまり，自分が他者になり，脇からのぞき込んで，ただ気づくという感じで行ないます。

- もしよいと思うなら，心臓の上辺りに片手を置くなり，自分が心地よいと思う別のサポーティヴ・タッチをするなりしましょう。そして，自分自身に向かって優しい言葉をかけます。その言葉は，自分

にそっと言い聞かせても，心の中で言っても構いません。たとえば，「仲間に入れてもらっていないみたいに感じるのは，本当にキツイね」とか，「ちゃんと見てもらっていない，評価されていないと感じるのは，本当に悲しい。でも，この気持ちが一生続くことはないと，私にはわかっている」などと言うことになるかもしれません。

　こうして自分の気持ちを特定すると，一歩下がって自分とその気持ちとの間に距離を置くことになり，その気持ちに飲み込まれないようになります。それは同時に，前頭前皮質——明快な論理的思考を司る大脳の一部位——を作動させ，扁桃体——感情的になると活性化する大脳の部位——を鎮めます。したがって，気持ちの高ぶりが少々抑えられ，先ほどよりも少し理性が働くようになります。

パート2：それを感じて癒す

　一般的に，なんらかの強い感情を抱いているとき，身体のどこかで，それを感じることができます。つらい感情を抱いているときに，ひと息つく——セルフ・コンパッションを実践する——もうひとつの方法は，その感情に関係する感覚が身体のどの部位にあるかを見つけることです。このパート2は，パート1と併せて行なってもよいですし，別々に行なってもよいでしょう。

- 少し時間を取り，自分の身体を頭頂部からつま先までスキャンして，ちょっとした不安や緊張，不満，拍動を感じる部位に注目しましょう。これは，しっかり時間をかけて行なってください。
- 喉が詰まった感じ，胃の底が重い感じ，首の凝りなどの感覚に気づくことができるかどうか，チェックしましょう。心臓の辺りに一種の電気的な拍動が感じられるかもしれません。
- どのような感覚を感じたのであれ，その感覚がそこにあることを，ただ単に許すだけにして，その感覚に注目してください。

第6章　ソーシャルメディア　　93

パート3：和らげて心を開く

- その感情が宿る場所を体内に見つけたら，その部位を少し和らげられるかチェックしましょう。たとえば，蒸しタオルをそこに当てているところや，誰かに優しくマッサージしてもらっているところ，温かな湯にその部位を浸けているところを想像するとよいでしょう。

- 次に，息を吸い込みながら，何かなだめてくれるもの，温かなものを吸い込んでいると想像し，緊張や不安を感じている部位にそれがまっすぐ届くところを想像しましょう。さまざまな筋肉が緊張を解いていき，呼吸するスペースと余裕が増えていくのを感じるはずです。

- その気持ちがそこにあることを許し，その気持ちを体内でなんらかの感覚として感じることを許しながら，自分がその気持ちに対して「心を開く」ことができるかどうかをチェックしましょう。それがそこにあってもよしとするのです。そして，感じているものがなんであれ，自分がそれと一緒にいることを許すのです。

- 少し時間をかけ，自分が今どう感じているかに注意を向けましょう。全身にかかっていた重荷が少し減り，身体がほんの少し軽くなった感じがするかもしれません。

　その気持ちに向き合い，それがなんであれ，そこにあるものを感じることを自分に許すのは，いくらか勇気が必要です。勇気が必要なのは，そこにあるものが，ときには感じのよいものではないこともあるからです。淋しさや虚しさ，悲しみの感覚のこともあるでしょう。けれども，心を開いて受け入れようと思ってそれに向き合えば，そこにある気持ちがなんであれ，あっても大丈夫だとわかるようになります。

　私たちはそうした厄介な感情と共生することができます。それは普通のこと，現実のことであり，私たちの誰もが人間として折々経験することです。よい感じはしませんが，それを真実だと認め，それを感じることを自分に許すことで，それは静かにひとりでに消えていくことに気づくかもしれません。

エクササイズ

自分自身のためにちょっとした時間を割く

このエクササイズの音声ガイドは，
http://www.newharbinger.com/45274 でダウンロードできます。

　ここで紹介するものも，やはり誰かのソーシャルメディアや何かのせいで自分自身について不快な思いをしているときに役立つものです。自分自身のためになら，ちょっとした時間は取れるはずです。

- まず，自分が今感じていることを，なんであれ認めましょう。自分自身に向かって，たとえば，「私はたった今，気持ちがとても傷ついていて，どこにも所属していない気がしている。すごくいやな気分だ」と言います。これはマインドフルネスであり，セルフ・コンパッションの第一の要素です。
- 次に，私たちは誰もが，ときにはこのように感じるものであることを思い出しましょう。というのも，誰もがつながりを感じていたい，所属するべきところに所属していたいと思うからです。仲間のひとりでありたいと思うのは，人間であれば普通のことであり，これは私たちの生態に組み込まれています。ですから，たとえば，「私は独りぼっちじゃない。傷ついて孤立していると感じるのは普通のことだ。よい気持ちはしないかもしれないけれど，誰だってときにはこんなふうに感じるものだ」と自分に言い聞かせることができるでしょう。これは人間の共通性であり，セルフ・コンパッションの第二の要素です。
- つづいて，親友なら自分にどう言ってくれるかを考えましょう。あるいは，ただじっと静かにして，自分自身の本当の声が聞こえるかどうかチェックします。その声が，今この瞬間に自分の聞くべき言葉を発してくれるはずだと確信するのです。その声はたとえば，「あ

第6章　ソーシャルメディア　　95

なたは，今のあなたのままでなんの問題もない。変わる必要なんて，
いっさいない。完璧な人なんて，どこにもいない」と言ってくれる
かもしれません。自分自身の本当の声を聴くのは少し勇気が要りま
す。自分自身に向かって優しいことを言うのに，たぶん慣れていな
いからです。これは自己に対する優しさであり，セルフ・コンパッ
ションの第三の要素です。

自分自身に優しくする

　ソーシャルメディアを利用しているときは，自分がどう感じているかに注
意を払いつづけましょう。少し立ち止まって，そのメディアのせいで自分が
どう感じているかを意識するだけで構いません。そして，悲しくなったり，
つながりが途絶えていると感じたり，自己批判が始まったと感じたりしたら，
自分自身のために何か優しいことをしてください。ソーシャルメディアを利
用していて気分がよいなら，そのまま続けましょう！

まとめ

　忘れないでください。自分自身に優しくする上で重要なのは，自分自身の
最高の支持者になることです。何かが自分を傷つけているとき，自分自身の
ために立ち上がり，自分自身に優しくするのです。これはつまり，自分が不
快になっている原因に気づいたあと，それをそのままにした状態で生きてい
きたいかどうかを，意識的に決断するということです。
　ソーシャルメディアの場合，それにどのように，そしていつ関わるかは，
自分で決めることができます。本章で紹介したツールを使えば，自分と他者
の比較をやめて，ソーシャルメディアのせいで自分がどういう気分になって
いるのかに気づき，必要に応じてそれを遮断することができるようになりま
す。所属するべきところに所属して受け入れられたいという，この人間的な
要求は，私たちの人生のきわめて多くの場で頭をもたげますが，ソーシャル

メディア上では特にその傾向が強まります。

　次章では，所属して受け入れられたいという要求がはっきり出てくる別の
場——他者との人間関係——に取り組みたいと思います。友人や家族との間
に生じる対立や誤解はしばしば深い痛みの原因となるため，そうした苦境に
ぶつかったとき，セルフ・コンパッションはあなたを支える大きなリソース
になります。

第7章

厄介な人間関係に対処する

　友人。家族。デートの相手。ティーン時代の人間関係はすべて，変化に関わっています。

　ちょっと考えてみましょう。10歳のとき，あなたの人生に登場する大人たちとあなたとの関係はかなり落ち着いていて，きょうだいもひとりかふたりいて，学校に行っていない時間は，そうした大人やきょうだいと過ごしています。

　けれども，ティーン時代になると，中心になってくるのは仲間であり，それまで関わっていた大人たちは背景に少し引っ込んでいきます。まだそこにいることはいますが，もはや前面にも中心にも出てきません。それどころか，ときには実にうっとうしい存在になり，あなたはしばしば，彼らは自分のことをちっともわかってくれないと感じます。彼らは自分のことを，まるで8歳の子どものように扱うこともあり，ここ数年で自分がどれだけ成長し成熟したかをわかっていないようなのです。

　一方，友人たちは，なかなかのものです。あなたのことを**わかってくれます**。あなたが感じているプレッシャー——学業の問題，交友関係のこと，ティーンであるというだけで生じる一般的なストレス——を理解してくれます。あなたの話に耳を傾けてわかってくれるのです。

　では，ティーン時代には，なぜこうした変化が起きるのでしょう？　何が起きているのでしょう？

　ティーン時代になって人間関係に変化が起きるのには，進化に関わる理由

と生物学的な理由があります。子ども時代のあなたには，面倒を見て保護してくれる家族が必要です。乳幼児は独りでは生きていけませんし，私たちの社会の子どもは，衣食を与え，善悪を教え，社会でどう生きていけばいいかを教えてくれる大人を必要としています。成長してティーンになると，あなたは学ぶべき別の課題を抱えるようになります。大人になったとき——信じようと信じまいと，案外すぐにその時期になるので——そうした課題のこなし方を知っておく必要があります。脳は数多くの再構成を体験して，成人期に備えます。

脳に生じる変化

　乳幼児の時期，脳はとてつもない成長を遂げます。乳幼児には学ぶべきことや適応すべきことがたくさんあるため，脳はニューロン（脳内の神経細胞）とシナプス（化学情報が伝達される神経間のスペース）をたくさん必要とします。けれども，この急激な成長は子ども時代に入るとペースを落とし，「刈り込み」というプロセスが始まって，使用されていない神経回路が除去されます。このような神経結合については，「使わなければ失う」というわけです。これは，脳が行なう処理の効率アップが目的です。

　ですから，たとえば，もし今，外国語を学習していない場合，そのシナプスは使用されていないので刈り込まれて除去されます。ただ，これは，二度と外国語を学ぶことができないということではありません。子ども時代に学習する場合と比べると，習得がハードになるというだけのことです。これについては，あなたも気づいているかもしれませんね。一般的に，小さい子どもの方が大人より迅速に外国語を習得しますから。

　同様に，特定の神経回路をたくさん使っていると，その回路は強化されます。たとえば，もしスポーツをしているなら，そのスポーツに必要な神経回路——筋肉運動の協調など——が強化されます。脳は，神経回路の刈り込みと強化というこのプロセスを経るため，この段階で当人がすることすべてに特に敏感です。つまり，ティーン時代にしている活動，していない活動はす

べて，脳の発達に影響を及ぼすということです。

　このティーン時代に起きるもうひとつの変化は，脳内のニューロンが「ミエリン鞘（髄鞘）」と呼ばれるもので覆われるということです。この脂質に富んだ膜構造は，ニューロンと脳との間のメッセージのやり取りをより迅速かつ効率的に――もっとはっきり言えば，100倍速く――進める手助けをしています。さらに，発せられるメッセージ間の休眠期間は，30倍速くなっています。これはつまり，髄鞘形成後に伝達されるメッセージは，形成前のものより3,000倍速くなっているということです。刈り込みと髄鞘形成というこの全プロセスは，脳の協調と効率を高めるためのものです。

　同時に，脳の前頭前皮質――計画立案や意思決定，論理的思考を担う部位――は，11歳か12歳のころ，さらに急激に発達しはじめ，ティーン時代はそのまま変化しつづけます。その発達がようやく終わるのが25歳ころです。そのようにして，大人になって必要となる大人らしい意思決定ができるよう，準備を進めているのです。

　また，感情を担う大脳辺縁系――怖いと思ったり，自分を守らなくてはならないと感じたりしたときに活性化する部位――も，11歳か12歳のころ同時に変化しはじめます。けれども，こちらは15歳か16歳ころには，ほぼ発達し終えます。ですから，もしティーンのあなたが，以前に比べて感情的になっていることに自分で気づいているとしたら，それが理由です。つまり，脳の感情センターは十分に発達しているのに，論理的思考の部位はまだ完全には発達していないということです。論理的思考の部位――前頭前皮質――は，感情的部位を「鎮める」ものであるため，発達が不十分なら，十分に働くことはできません。

　したがって，あなたの感情がときに手に負えなく感じられるのは当然なのです。でも，怖がる必要はありません。前頭前皮質はやがて追いつき，あなたのそのすばらしい脳では，すべてが再びバランスの取れた状態になります。

　どうしても言っておきたいのは，あなたの脳はティーン時代にあらゆる変化を経験していて，その経験が当然ながらあなたの感情や行動に影響を及ぼしているということです。つまり，脳が大人になる準備を進めていく間，あ

なたの態度や行動はそうした変化を反映しているのです。親や家族が中心的役割を果たす機会は減っていくでしょう。そして，自分の仲間グループの方が重要になっていきます。

あなたが今，何を考えているか，私にはわかりますよ。誰もが子どもをもつわけではないし，自分の人生は，子どもをもつことだけに的を絞っているわけでもないと思っていますね。やろうと思っていることは，もっといろいろあると言いたいわけです。もちろん，それは真実です。けれども，生態学と進化の観点から言えば，種の存続こそがすべてです。母なる自然はこのシステムを設計し，自らが設計したこの種——私たち——が確実に生き残るようにしています。

というわけで，友人グループがとてつもなく重要になるのは，生き残るために彼らを必要としているからであり，そのグループから自分を排除するようなことが起きると，それがなんであれ，ひどく脅かされ，傷ついたと感じ，怖くなります。

レイラの場合

レイラは，自分にはすばらしい友人グループがあると思っていました。確かに，誰かがなんらかの理由で別の誰かに腹を立てた場合，その人はグループから排除されました。でも，レイラにこんなことが起きたことは一度もありませんでした。

今までは。

始まりは，いつもと変わらない夜でした。レイラはベッドに座り，スマホを横に置いて宿題をしていました。代数に飽きると，ときどき携帯を取り上げ，何かワクワクするような新しいことが起きていないかをチェックします。と，あるとき，友人のひとりが大勢の他の友人たちと誰かの家に集まっている写真をアップしたことに気づきました。みんな，ものすごく楽しそうです。

レイラ抜きで。

仲間はみんな，そこにいました。自分のグループのメンバー全員です。
当然レイラは，なぜ自分は招かれなかったんだろうと考えました。私，何
か誰かを動揺させるようなこと，言ったっけ？　いつもの内なる批評家の
声が聞こえてきました。「今度は何をやったんだ？」

　レイラは気持ちが沈んでいくのを感じました。うろたえ——自分だけひ
どく孤立しているのを感じました。そして，最悪なのは，わからないとい
うことでした。何が起きているのかわからない。自分が外された理由がわ
からない。

　でも，幸いなことに，レイラはセルフ・コンパッションのクラスを取っ
ていて，すべきことを思い出しました。

　まず，サポーティヴ・タッチをしました。片手を心臓の上辺りに置き，
そこで小さな円をいくつか描きました。そして思い出したのは，身体に生
じた感覚に注意を向けることで，心の中に浮かんだストーリー——きっと
私が友人のひとりを傷つけたに違いないとか，みんな，私を嫌おうと決め
ちゃったんだといったストーリー——が消えるようになるということでし
た。それでも，ストーリーはときどきこっそり戻ってきました。そうなっ
たときは，「考えは事実じゃない」ことを思い出すようにして，胸に置いた
手の温かさを感じることに注意を向け直しました。なだめるように胸に描
く円の感覚——その温かさ，支えになるそのタッチ——のおかげで，気分
は少しましになった気がしました。

　レイラはそのあと，基本的なセルフ・コンパッションの質問を自分に問
いかけることができました。「今，私に必要なものはなんだろう？　私はど
んな言葉を聞く必要があるんだろう？」

　自問したあと，時間をかけて耳を傾けると，言葉が浮かんできました。内
面のどこかの深い場所から，自分自身の本当の声が聞こえてきました。彼
女に浮かび上がってきた言葉は静かで穏やかな，ほとんどささやきと言っ
てもいいような，「あなたは愛されている」でした。レイラは手を胸に置い
たまま，心の中で繰り返しました。「あなたは愛されている……あなたは愛
されている……あなたは愛されている」

第7章　厄介な人間関係に対処する　103

その後，別の考えも浮かんできました。それも彼女が聞く必要のあるものでした。「あなたは今のままで，すばらしい」という言葉です。そこで，数分の間，これも心の中で繰り返しました。「あなたは今のままで，すばらしい」——そうして気持ちを落ち着けた彼女は，やがて代数に戻ることができました。

　でもときどき，あの写真に関する考えが頭にポンと浮かんできて，再びみぞおち辺りに不快な感覚を覚えることもありました。そうなったときには，身体に生じる感覚——胸に置いた手——や，聞く必要のある言葉に戻るようにしました。

　感情を特定して，それに名前をつけると，脳の前頭前皮質を働かせることになり，それが感情を担当する辺縁系を鎮静化させることも思い出し，レイラはそれをやってみようと思いました。私が今感じているのはなんだろう？　傷ついた痛み？　怒り？　淋しさ？……どれが一番強いんだろう？　見きわめには数分かかりました。というのも，この3つはどれも間違いなく存在していたからです。そして，レイラはついに，どうやら怒りが表面に浮上してきているようだと判断しました。彼女は穏やかな声でそれに名前をつけ，「怒りよ，レイラ。これは怒り。怒りって，こんなふうに感じるものなのね」と言いました。それにつづいて別の考えも浮上しました。「怒りは，普通の人間的な感情だわ。誰だって，ときには怒りを感じるもの」

　レイラは怒りが自分の身体のどの部位に宿っているかをスキャンしました。胃にたどり着いたとき，はっきりしました。怒りは胃にありました。胃の奥のどこかにとてつもない重みが感じられました。彼女はその感情に対して穏やかな態度で心を開くことを思い出し，まずそれが粘土のように柔らかくなっていくところを想像し，やがて少しずつ緩むにつれて，パンケーキのようになっていくところを想像しました。そして，それを優しさで包み込み，たっぷりした空間をそれに与えて，それがそのままそこに存在していられるようにしました。その気持ちに抵抗したり，それを追い払ったりはしませんでした。ほどなく，それがエネルギーを失って弱まりはじめていることに，彼女は気づきました。

再び，レイラは宿題に戻りました。気が散るような考えが浮かんできたり，怒りのような強烈な感情が浮上してきたりするのに気づくと，その感情に名前をつけ，体内のどこにそれがあるかを見つけ，それに対して穏やかな態度で心を開くプロセスを繰り返しました。

怒りに対処する

　怒りは強烈な感情だと，私がわざわざ言う必要はありませんね。怒りが湧くのは，人間であればこそです。中には，怒りは悪いものだと感じている人もいます——が，よくないのは，怒りが他者や自分自身を傷つける行動につながる場合のみです。ときには，よしとされることすら，ありえます。怒りゆえに，不公正と闘ったり自分自身のために立ち上がったりする場合です。怒りを募らせ，数多くの人々が公民権のために闘い，奴隷制に終止符を打ち，ほかにも数多くの社会運動に打ち込んできました。

　しかしながら，怒りは外側にある激しい感情だとされ，それよりも内面にある柔弱な感情を覆って守るものだとされています。そして，そもそも怒りを募らせるのは，まさにより柔弱な感情のせいで自分のことを弱いと感じるからであり，さらに傷つくことがないよう自衛するためなのです。

　では，より柔弱な感情というのはどういうものでしょう？　淋しさ，傷ついた痛み，怖れ，失望，悲しみ，悲嘆などが，その好例です。こうした感情を抱くとき，しばしば腹が立つのは，怒りの強さのおかげで，苦痛を生むその柔弱な感情から自分を守ることができると感じるからです。怒ることで，パワー感覚と自らを保護するシールドが得られるため，再び傷つくことがないのです。

　けれども，この作用には問題がふたつあります。ひとつは，今体験している苦痛や悲嘆や悲しみから真に**癒える**ためには，あえてその気持ちを**感じる**ことが必要であり，怒りはそうさせてくれないという点です。怒りが邪魔をするのです。もうひとつの問題は，怒ると気分がよくないという点です。怒りを感じているとき，私たちはその怒りを向けている相手に仕返しをしてい

第7章　厄介な人間関係に対処する　105

ると考えるかもしれません。まるで，怒りが魔法のように，毒を塗った矢を空に放ち，その矢は不思議なことに，怒りを向けている相手の胸に突き刺さるとでもいうかのようです。でも，率直に言いましょう。その相手はこちらの怒りなど完全に忘れている可能性がある一方，こちらは怒りがもたらすこの不快な感情に苦しみます。

ただ，ときには，心を開いて自分の弱さと苦痛を感じようにも，まだその覚悟ができていないということもあります。ときには，自分の苦痛と共にいる覚悟ができるまで，少なくともほんの少しの間，保護を必要とすることもあります。それはそれでいいのです。慌てる必要はありません。それに，自分自身や誰かを傷つけないかぎり，怒っていいのです。

気持ちを切り替えて，その怒りを少し探ってみようという気持ちになったら，以下のエクササイズをやりましょう。

エクササイズ

怒りを探り，満たされていないニーズを満たす

このエクササイズの音声ガイドは，
http://www.newharbinger.com/45274 でダウンロードできます。

このエクササイズには，ペンと紙が必要です。

• 目を閉じて，今腹立たしく思っている状況について考えます。その怒りを手放す覚悟ができているかどうかをチェックしましょう。その怒りのせいで不快になっていますか？　腹を立てることにうんざりしていますか？　いつも怒っているせいで疲れ果てていますか？　その怒りはもう役立ってはいないのではありませんか？　そうそう，ちょっとひと言──。怒りを手放しても，相手が正しいと認めることにはなりません。自分が正しくて相手が間違っていると信じつづけていいのです。怒りを手放す覚悟とは，単に，その状況から前進

しはじめる覚悟という意味です。

- その怒りを手放す覚悟ができたと思ったら，状況について少し書き留めておきましょう。

- 今自分が感じているように感じることはまったく自然なことだと知っておいてくださいね。たぶん自分にこう言い聞かせるといいでしょう。「もちろん，あなたは怒っている。あんなじゃ，ひどく傷つくよね。怒って当然！」

- ときに，怒り以外の気持ちを感じたくないからという理由で，怒りを手放そうとしないことがあります。怒りが覆い隠しているかもしれないほかの気持ち，怒りよりも柔弱な気持ちが存在している可能性をよく考えてみましょう。たとえば，悲しみとか淋しさ，傷ついた痛みのほかにも，羞恥や当惑などが，怒りの下にあるかもしれません。少し時間をかけ，怒りよりも柔弱などんな気持ちがほかに隠れている可能性があるかを探りましょう。その気持ちを書き留めておきます。

- もう一度目を閉じ，この状況で自分は何を必要としていたのだろうかと，少しの間考えましょう。必要だったのに，得られなかったことはなんでしょう？　言い分を聞いてもらうことや，自分のことをよく見てもらったり認めてもらったりすることが必要だったのかもしれません。なんらかのグループのメンバーとして，そこに所属している，メンバーたちとつながっていると感じる必要があったのかもしれません。あなたが今感じていることがなんであれ，そう感じるのはまったく自然であることを忘れないでください。どんなティーンにも——そして大人にも——ニーズがあります。自分が必要としていたのに得られなかったことが見つかったら，書き留めておきましょう。

- よかったら，片手を心臓の上辺りに当ててサポーティヴ・タッチをし，優しさと温かさをいくらかでも自分自身に与えましょう。このような気持ちは生易しいものではありません。それらを追い払おう

第7章　厄介な人間関係に対処する　107

とせず，ちょっとした温かさと優しさと理解を込めて，それらにた
だ向き合いましょう。
- さて，たぶんもう，自分自身のニーズを直接満たすことができるで
しょう。たとえば，以下のようにします。
  - 自分をよく見てもらっていないと感じていた場合，自分に向かっ
  て，「私はあなたを見ている」と言おうとすることができますか？
  - 独りぼっちだと感じていた場合，自分に向かって，「私はあなたの
  ためにここにいる」と言えますか？
  - 愛されていないと感じていた場合，自分に向かって，「私はあなた
  を愛している」と言えますか？
- 言い換えると，他者から受け取りたかったものを，今すぐ自分自身
に与えられるか，ということです。どうしても聞きたかった言葉を
自分自身に言えるか，ということです。心の中でゆっくりと，それ
を自分に向かってささやき，自分自身の本当の声から出てきている
その言葉を聞いてみましょう。
- 準備が整ったら，そっと目を開きます。

　上記のエクササイズが済んだら，今どんな気持ちになっているかに注目し
ます。感情にちょっとした変化が生じたこと——ほんの少し怒りが和らいだ
感覚とか，怒りに以前ほどのエネルギーがないことなど——に気づくかもし
れません。怒っていることを，以前ほど気にしなくなっているというような
感じかもしれません。
　通常，変化はすぐには起きませんし，こうしたエクササイズや瞑想も，魔
法の特効薬というわけではありません。むしろ，このようなエクササイズを
行なうことで，怒りを手放すプロセスへの扉が開くのです。やがて徐々に，
少しずつ，相手や状況に対する自分の態度が変わっていくことに気づき，ある
日，自分がもう少しも怒っていないことに気づくのかもしれません。腹を
立てていることについて考えることすら，エネルギーの無駄遣いだとわかる
のかもしれません。

108

親との関係

　腹を立てる相手は友人だけではありません。たいていのティーンが言うことですが，ティーンはときに親に対して激しい怒りを抱きます。

　親との関係は，通常，ティーン時代に変化します。不意に，親がひどく格好悪く思えたり，うっとうしくてたまらなくなったりするかもしれません。あるいは，親は，自分がどういう人間なのか，どう変わってきているのか，何を必要としているのかをまったくわかってくれていないように感じるかもしれません。

ゾーイの場合

　ゾーイは，以前は両親とかなりうまくやっていましたが，最近は，家でぶつかることが多くなり，両親は娘をセラピストのところに通わせるのがいいのではないかと考えました。以下は，ゾーイがセラピストに語った内容です。

　「前は，親と過ごすのも，別にイヤじゃなかったんです。でも，今はふたり共，急にめちゃ厳しくなって，夜9時には，親にスマホを預けなくちゃいけないんです。9時ですよ！　そんなの，友だちがちょうどチャットや投稿を始める時間ですよ。で，私はみんなの会話から締め出されてる状態だから，次の日登校しても，何がどうなってるんだか全然わかんなくて，まじ取り残された感じです。その上，母さんは，15歳になるまでデートはダメって言うんです。おかしくないですか？　もうデートしてる友だちは何人もいるし，15歳には，まだ2年もあるんです。それに父さんは，私の服装となると，もうめちゃくちゃ！　つまり，当然だけど，父さんは流行なんてどうだっていいから，流行ってるものを着るのを許してくれません。たとえば，穴の開いたジーンズとかミニスカートとかね。ああ，それに，タトゥーやピアスなんて論外！　ぜったいダメって」

　何が変わったのでしょうか？　ゾーイの両親は，ゾーイがまさに自分自

身の考えや自分自身のやり方をもつようになりはじめたときに，なぜ以前よりあれこれ拘束するようになったように見えるのでしょうか？　両親はなぜ，娘がただ自分らしくあろうとするのを許せないのでしょうか？

　子どもがティーンになったときの親の「務め」とティーンの「務め」がどういうものであるかがわかると，今起きていることを理解するのに役立ちます。
　まず，親の務めを見ていきましょう。少なくとも善意をもち備えている親もしくは養育者の大半は，子どもの安全を保つことが自分の務めだと感じています。これはつまり，親には，これなら自分の子どもが元気いっぱい健康に生きていられて，トラブルに巻き込まれないと親なりに考えていることがあり，親のさまざまな判断はそれに基づいて下されているということです。
　では，ティーンの務めを見ていきましょう。ティーンの務めは，この世の中で自分がどうありたいかを見つけ出すことです。これはつまり，自分にとって何が重要かを明らかにするということであり，それがわかれば，やがてそれに基づいて職業や使命感を見つけ，どういう人と共に人生を歩んでいきたいかをはっきりさせられるようになります。これを行なうためには，いくらか探検をする必要があります。たとえば，いろいろな流行や服装を試してみたり，種々の活動や友人グループを試してみたり，さらには多少の危険も冒してみたりすることになるかもしれません。それは一部のティーンにとって，あまり健全でないことを思い切ってやってみるということかもしれません。
　そして，ここに対立が生じます。親はあなたを安全な状態にしておきたいと思う一方，あなたは新しいことを試したいと思います。その新しいことの中には，親が危険だと考えていることも含まれているかもしれません。あなたはそれを危険だとは思わないかもしれませんが，親はそう思う可能性があります。親はあなたを愛していて，ティーンにまつわるいろいろな話を聞いているからです。ティーンがオンライン上である人と出会い，次に直接会う手はずを整え，最後はひど目に遭って，どこかの冷凍庫に詰め込まれるというような話を耳にしているのです。ええ，もちろん，そんなことはあなたに

起こらないと，私にはわかりますが，親は震え上がります。筋が通っている・いないは別として，たいていの親が抱くのは恐怖感です。

　では，どうすれば親とティーンは共に取り組み，こうした対立の一部を乗り越えられるのでしょう？　どうすれば，相手もまた，できるだけぶつかることなく前進する方法を見つけようとしているだけだと思えばいいのだと，それぞれが思い出せるのでしょう？　第2章の「私とまったく同じだ」というエクササイズを憶えていますか？　今回は，任意に選んだ誰かのことを考えるのではなく，自分を少し苛立たせている親もしくは養育者を思い浮かべましょう。

瞑想

私とまったく同じだ——親もしくは養育者

この瞑想の音声ガイドは
http://www.newharbinger.com/45274でダウンロードできます。

- まず，くつろげる場所に腰を下し，数回ゆっくり深呼吸をします。そして，一回呼吸をするたびに，息を吸うときの動きと吐くときの動きをしっかり感じ取りましょう。時間をかけて大丈夫です。
- 次に，親なり養育者なりのイメージを思い浮かべてください。相手のことを，できるだけ細かいところまで考えます。そして，今は，相手が自分からほどよい間隔——どんな間隔であれ，適切だと感じられる間隔——を置いたところにいると想像しましょう。
- 自分の親もしくは養育者のことを考えながら，以下の言葉をゆっくりと自分に向かって繰り返します。これらの言葉を大急ぎで言い終えてしまわないことが，何より大切です。時間をかけて，各言葉が自分の中にしっかり沁み込んでくるようにしましょう。どの言葉も，口にしながらその意味について考えてください。
  - 私の母親／父親／養育者〔適切だと思うものを選んでください〕

第7章　厄介な人間関係に対処する　III

は人間で，私とまったく同じだ。

- 私の母親／父親／養育者には身体と心があり，私とまったく同じだ。
- 私の母親／父親／養育者には気持ちと感情と考えがあり，私とまったく同じだ。
- 私の母親／父親／養育者は，ときに悲しんだり，失望したり，怒ったり，傷ついたり，混乱したりして，私とまったく同じだ。
- 私の母親／父親／養育者は苦痛や不幸から解放されたいと思っていて，私とまったく同じだ。
- 私の母親／父親／養育者は，安全でいたい，健康でいたい，人から愛されたいと思っていて，私とまったく同じだ。
- 私の母親／父親／養育者は幸せでありたいと思っていて，私とまったく同じだ。
- 今度は，この人のために祈りの言葉を口にしてみましょう。
  - 私の母親／父親／養育者が強さとリソースと支援に恵まれ，人生のつらい時期を乗り切っていきますように。
  - 私の母親／父親／養育者が痛みと苦しみから解放されますように。
  - 私の母親／父親／養育者が強くてバランスの取れた人でありますように。
  - 私の母親／父親／養育者が幸せでありますように。なぜなら，この人は同じ人間であり，私とまったく同じだから。
- さらに数回深呼吸をして，今どんな気持ちになっているかに注意を向けましょう。
- 準備ができたら，静かに目を開けてください。

　あなたにどのようなことが起きたにせよ，そのことにあなたは驚きましたか？　相手に対する感じ方にいくらか変化が生じたことに気づいたかもしれません。何を感じているにせよ，その気持ちを追い払うのではなく，それがそうして存在することをただ許しましょう。その気持ちに対して，何かをす

る必要はありません。そこに存在する空間を作ってあげるだけでいいのです。ひょっとしたら，心臓の上辺りや気持が落ちつく他の部位に手を置き，自分のことをちょっと思いやってあげたくなったかもしれません。

ときには，あまりに強烈な葛藤や怒りを感じて，「私とまったく同じだ」をできないこともあるでしょう。そういうときは，以下のエクササイズから始めるといいかもしれません。そして，もしできそうなら，そのあとに「私とまったく同じだ」をやってもいいでしょう。

エクササイズ

セルフ・コンパッションの日光浴

このエクササイズの音声ガイドは，
http://www.newharbinger.com/45274 でダウンロードできます。

- まず，楽な姿勢で座り，数回呼吸をして落ち着き，リラックスしましょう。息を吐き出すたびに，体内のストレスと緊張を少し吐き出します。息を吐くたびに，吐き出す量を少しずつ増やしていきましょう。
- 次に，自分が異国風の美しい浜辺にいるところを想像しましょう。目の前は海です。——深い青緑色が，雲ひとつない明るい青空に映えています。あなたは砂浜に座り，太陽の温かさが肌に広がるのを感じています。そして，自分の肌が太陽の温かさを，まるでスポンジのように吸収していくのを感じています。温かさは申し分ありません。暑すぎることもなく，肌にちょうどよいと感じる温度です。もっと言えば，たった今あなたが必要としているのは，その温かさです。
- 今度は，砂浜で横になります。そうしていると，どうやらその温かさと共に，ある感覚——自分を包んで抱きかかえ，支えになってくれる感覚——が生まれてきているようだと気づきます。それは，圧倒されるほど平穏で安心できる感覚，すべて心得ているという感覚

第7章　厄介な人間関係に対処する　113

です。そして，短い言葉が聞こえてきます。あるいは，聞こえるというよりむしろ，ただ自分という存在の中核でわかると言った方がいいかもしれません。それは，「何もかもうまくいく」という実にシンプルなものです。どういうわけか，深いところで直感的に，これは真実だとわかります。何が起ころうとも，物事がどう展開しようとも，すべてうまくいくとわかるのです。

- あなたは砂の上に横たわったまま，太陽の温かさが身体に浸透して，とてつもない安心感と無条件で受け入れられている感覚を生み，すべてがうまくいくと内々教えてくれているのを感じています。
- 好きなだけそうしていて構いません。そして，準備ができたら，静かに目を開けましょう。

このエクササイズが終わったとき自分がどのような気分になっているかに注意を向けましょう。そして，セルフ・コンパッションの日光浴をしたいと思ったら，いつでもまたできることを憶えておいてください。

まとめ

ティーン時代に感じる不幸せや自分が無価値だという気持ちの大半は，人間関係のもつれに由来するものです。人間関係における変化の発生は，進化と私たちの生態に根差しています。人間関係が苦痛になったときに生じうる自己批判の対処法を学ぶと，その苦痛の軽減にたいへん役立ちます。誰が正しくて誰が悪いといった話は絶えず発生し，そのことに心を占領されると感情に飲み込まれてしまうように感じるものですが，自己批判の対処法を実践することで，そうしたストーリーを手放せるようになります。

特に，腹を立てているとき，この対処法に取り組むと，怒りの下に隠されているものを見られるようになり，そこにある満たされない感情とニーズを和らげられるようになります。これを実践する勇気を奮うとき，自分自身の本当の声を聞くこともできます。その声は思いやりに満ちていて，何もかも

うまくいくはずだということ，ありのままの自分でいるだけで大丈夫だということを教えてくれます。

　次章では，ティーンの生活でやはり多くの苦痛の原因となる別の一面——自分がどう見えているか，それについてどう感じているかという点——に向き合います。もし自分の容姿のせいで自信がもてない気がしていたり，自分につらく当たったりしているなら，ページをめくってください。

第7章　厄介な人間関係に対処する　115

第8章

自己イメージと和解する

　ティーンは特に，自分のイメージや容姿をしばしばひどく気にします。あなたも，髪の見た目が気に入らないとか目の色や鼻の形が大嫌いだとか思っているかもしれません。あるいはくちびるが厚すぎるとか薄すぎるとか……。頬のニキビを気にしたり，Tシャツを着たときの二頭筋（力こぶ）の見え方を気にしたりすることもあるかもしれません。鼻／顎／脚／目を自分の思うとおりに見えるようにしようとして，鏡の前に何時間もいることはありませんか？

　自分の容姿にせよ，生活のその他の側面にせよ，実際とは異なるようにしたいと思うと，たいへんな苦しみや痛みを味わうことになります。

　人生には，自分ではあまりコントロールできないことがいくつかあります。そのひとつが容姿です。確かに，ヘアスタイルを変えたり，鍛錬して体型を変えたり，いつもと違う服装をしたり，化粧したりすることはできますが，基本的に，もって生まれたものが自分のものであり，整形手術でもしないかぎり，たいして変わることはありません。

　残念ながら，自分の容姿が嫌いで，違って見えるようになりたいと思っても，気分をよくする助けになることはありません。それどころか，間違いなく，気分はさらに悪くなります。そして，それがやがて苦しみを深め，不幸を大きくすることにつながります。自分の容姿を受け入れる方法を見つけ，自分にあるものを最大限に活かす方が，結局ははるかに満たされます。

　では，どうしたらそうなれるのでしょう？　どのようにすれば，ありのま

117

まの自分を——自分の容姿，自分の体型についての感じ方も含めて——実際に受け入れ，その自分を愛せるようになるところまで行けるのでしょうか？

まず，我慢が肝心です。あなたはおそらく，自分の容姿を嫌うことにとても多くの時間を費やしてきているでしょうから，これが突然変わるということはありません。時間はかかります。でも，あなたが必ず目的を達することを，私は約束します。ある朝目が醒めると，自分の笑顔のちょっとしたゆがみが本当に興味深いと思えるようになっています。なんだかかわいいと思えるのです。

次に，自分の容姿や体型の一部をなぜ嫌いなのかについて考えましょう。たぶん，「理想」の姿——広告やテレビ，映画，ソーシャルメディアで見るようなイメージ——ではないからでしょう。それが少々問題です。というのも，そうしたイメージは本物でないことがわかっているからです。大幅に変更されたりフィルタが掛けられたりしているものと，自分の実際の顔と身体とを比較するのは，公平とはとても言えません。

私たちは，自分たちの容姿がどうあるべきだとされているかという点のみならず，自分たちがどうあるべきだとされているかという点まで，メディアや文化によって教えられてきました。私たちはどう行動すべきとされているか，もっと具体的に言えば，もし女性ならどう行動すべきとされていて，男性ならどう行動すべきとされているかという点を教え込まれてきたのです。そして，これが問題なのです。

有害な男らしさ

「男らしくしなさい！」

たいていの少年は子どものころ，どこかでこう言われています。中には，成長する間ずっと言われどおしの少年もいるでしょう。ところで，これはどういう意味でしょう？

これは，傷ついても，それを表に出さない，感情を出さないということで

す。その感情が，怖れや悲しみなど，めめしいとされるものの場合は，なお
さらです。たくましくなくてはいけません。特に重要なのは，決して泣かな
いということです。長年にわたってこのメッセージを受け取りつづけた結果
生まれるのは，有害な男らしさと呼ばれるものです。これは，弱い気持ちや
めめしい気持ちを人に話さないことに加えて，自分がどれだけ強いか――と
りわけ，どれだけ少女より強いかを――示すために，暴力的と言っていいほ
ど攻撃的になるということです。ここで信じられているのは，暴力的である
ことは強いということであり，強いということはなんらかの価値があるとい
うことです。

　この信念，すなわち，男性は強くて暴力的である場合にのみ価値があると
いう信念のもとで男の子を育てると，その子はやがて，自分には女性を支配
する権利があるどころか，そうする義務があると考える男性になります。そ
のような男性はしばしば，自分がいつ心情的に傷ついているのかをうまく判
断できず，つらい気持ちの処理の仕方がわからず，自分が助けを必要として
いることを認識できません。ありのままの自分でいることに安心できないた
め，常に自分の力を誇示しなくてはならない，自分に価値があることを証明
しなくてはならないと感じています。研究者の中には，男性が女性に比べて
寿命が短く，心臓疾患が多いのは，常時自分の力を誇示しつつ，つらい気持
ちは隠しつづけようとしなくてはならないというストレス下にあることが関
係していると考える者もいます。

　私たちの社会と文化的期待は明らかに変わらないといけません。少年が育
て方次第で将来，ありのままの自分でいることができ，どのような感情であ
れ，それを感じて表に出すことができ，男女平等の観点から男女双方に関わ
ることができ，自分がほかの誰よりも力があることを誇示しないでいられる
男性になれるよう，変わらないといけません。けれども，そのときが来るま
で，セルフ・コンパッションはどう役立ちうるでしょうか？

　セルフ・コンパッションは，私たちがありのままで価値があることを教え
てくれます。価値のある存在であろうとし，そう評価されたいからといって，
他者よりも優れる必要はないことも教えてくれます。私たちは，人間らしい

第8章　自己イメージと和解する　119

欠点やらをもつありのままの自分であってよいこと，そういう私たちが他者の人生やこの世界に前向きの変化を生み出せることも教えてくれます。「男らしくあれ」が伝えるメッセージとは対照的に，セルフ・コンパッションは「自分らしくあれ」と言います。「あなたは今の在りようのままですばらしい」と言い，「自分の力量を誰かに示す必要はない」と言います。あなたはありのままの自分でいることに，幸せと満足とくつろぎと平安を感じていいのです。ほかの誰かと自分を比べる必要はまったくありません。一種の根本的な考え方ですよね？　これは可能なことですが，自分で取り組んで初めて，その可能性は生まれます。

　そして，朗報です。あなたには選択肢があります。あなたは，自分自身についての感じ方を，外部の不健康な理想やメッセージの支配下に置くこともできれば，長所も短所も含めて，ありのままの自分を認めて愛するようになることもできます。自分がどういう人間であり，どういう人間になるべきであるかについて，ほかの誰かの言いなりになることもできれば，あっさり今の自分の在りようで，自分固有のスタイルや容姿や自己感覚をもちつづけることもできます。そして，あなたには，ありのままのあなたでいる勇気があるはずです。そうするには，今の自分を認めて，自分の容姿を受け入れること——身体やイメージに気に入らない部分があっても，それらを含めて受け入れること——が肝心です。

自分自身を抱きしめる

　あなたは今，考えているかもしれません。**そうね，なんかよさそうだけど，でも，どうすればそうなれるの？　自分の身体も自分って人間も，これでいいって，思えるものなら思いたいわよ，ほんとに。だけど，今はとてもとても……。**

　次のエクササイズは，自分の身体を受け入れはじめるのに役立ちます。これはボディスキャンと呼ばれていて，ありのままの自分自身を大切に思って認められるようになるのに役立つだけでなく，高いリラックス効果もあります。

ボディスキャンのこの特別バージョンはティーン向けに手を加えたもので，行なっている最中にどのような感覚が生じようとも，また，どのような感情が湧いてこようとも，それらと共にいてもよいという点を強調しています。そうした感覚や感情と共にいることは，勇気を奮ってありのままの自分であろうとするときの一ステップです。

このエクササイズは，ちょっと試してみる——試してみて，どんなものか見てみる——くらいの向き合い方で取り組むのがベストです。そして，いくつかの部位でなんだか不快だと感じた場合には，選択肢があることを忘れないでください。ひとつは，勇気を出し，不快な感情に対してオープンになれるかどうか，やってみることです。生まれ立ての子犬を抱いているときのように，静かにそっと優しく，それらの感情がそこにあることを認められるかどうかを見るのです。あるいは，今は自分自身にチャレンジする気持ちになれないのであれば，それはそれでまったく大丈夫です。思い出してください。セルフ・コンパッションは，今自分が必要としているものを自分に与えるということです。ですから，不快感がある部位は飛ばして，次に進みましょう。

このエクササイズには，もうひとつやり方があります。いっときに，ひとつの部位のみスキャンするというやり方です。脚でも，腹部や胸部でも，あるいは顔と頭でも，最初はその部位だけに集中して行ないます。もしくは，ある日はある部位をやり，別の日には別の部位をやるというように切り替えることもできます。どうやるかは常にあなた次第です。

瞑想

セルフ・コンパッションをこめて行なうボディスキャン

この瞑想の音声ガイドは，
http://www.newharbinger.com/45274 でダウンロードできます。

- ゆったりくつろぎましょう。よかったら，仰向けに寝て，目を閉じてください。両腕は，体側に自然に添えるのが楽だと思うなら，そ

うしてください。脚の力も抜きましょう。好みにもよりますが，膝の下にクッションか枕を置いてもいいでしょう。そうすると，しっかり支えられていると感じる人もいます。また，自分に役立つと思うなら，枕に頭を乗せても構いませんが，眠り込まないようによく注意してください。眠ってしまうと，このエクササイズ全体をしそこなうことになるからです。

- まず，呼吸に注意を向け，息が身体を静かに出入りすることに，簡単に気づけるかどうかをチェックしましょう。息を吸うたびに，おなかがもち上がり，息を吐くたびに，おなかが下がることに気づいてください。呼吸を，どうにかして変えようとするのではなく，ただ呼吸がそこで行なわれていること，呼吸がその機能を全うしていることに注目するのです。

- サポーティヴ・タッチをする方が心地よく感じられるなら，片手を心臓の上辺りに置き，自分が今ここにいることや，この地球で生き，呼吸している人間として，自分がケアと優しさに値することを自覚するのもいいでしょう。サポーティヴ・タッチは，生まれ立ての子犬をいとおしむような感じで行ないましょう。あるいは，顔をさすったり，両手で顔を包み込んだりするというのも一法です。胸に置いた手や顔に触れている手の温かさを感じながら，深呼吸をゆっくり3回してリラクセーションを促しましょう。準備ができたら，再び腕を体側に戻してもいいですし，そのままサポーティヴ・タッチを続けても構いません。

- 次に，注意を下半身に向け，そのまま足の裏にまで移動させます。足の裏に生じている感覚があれば，どんなものであれ，それにただ注目しましょう。その感覚は温かいですか？　それとも冷たいですか？　乾いていますか？　湿っていますか？　つま先が触れ合っているとしたら，触れ合っているその部位を感じることができますか？　かかとと，床やソファの表面との接点を感じることができますか？　接点がどう感じられるかに注意を向けましょう。硬いですか？　柔

らかいですか？　あるいは，多少の圧力を感じるかもしれません。

- 少し時間を取り，足が自分のために終日してくれていることすべてについて，じっくり考えましょう。足は，こんなにわずかな表面積しかないのに，全身を支えてくれています。それがどんなに大変な仕事か，想像してください。足がしてくれていることは，それだけではありませんが，私たちが足に注意を向けることはめったにありません。ですから，あと数回呼吸をする間，自分の足に感謝しましょう。ある場所から別の場所に移動できるのは，足のおかげです。

- つづいて，注意を足から，くるぶし，ふくらはぎ，むこうずねへと移動させます。膝下に感じる感覚があれば，どんなものにも注目しましょう。ひょっとしたら，肌に触れている衣服の織地に気がつくかもしれません。もし気づいたら，その織地がどんな感触かを調べましょう。ちくちくしますか？　それとも，なめらかですか？　すべすべしていますか？　ざらざらしていますか？　その中間かもしれません。

- ある時点で，心が既にさまよっていることに気づくでしょう。あなたはもはや感覚には注意を向けず，何かほかのことを考えています。もしそうなったら，身体に生じている感覚にただ注意を戻しましょう。

- さて，また脚に戻ります。膝を通って，太もも，腰へと注意を移動させます。ここでは，どういうものが感覚として生じているかに注意を向けてください。衣服の布地がちょっとくすぐったいかもしれません。あるいは，引っかきたい感じがあったり，温かさを感じたりするかもしれません。

- ある時点で，**自分の身体のここ，嫌いだ。太りすぎだから／やせすぎだから／十分に筋肉がついていないから**，というような思いが浮かんできていることに気づくかもしれません。このような思いが浮上するのに気づいたら，ちょっと勇気を奮い起こすことができるかどうか，そして，その部位に留まり，その部位に注目したまま，その部位のためにほんの少し愛を余分に吸い込むことができるかどう

第8章　自己イメージと和解する　123

か，試してみましょう。変に聞こえるかもしれませんが，その部位に向かって，「あなたがここにいてくれて，嬉しいなぁ。あなたの助けがあるおかげで私の身体はちゃんと働いているよ」などと話しかけるのもいいでしょう。それが済んだら，次の部位に移ることができます。また，今日はそこまで勇気が出ないと感じたら，その部位を飛ばし，そのまま別の部位に進んでも大丈夫です。準備ができたと感じたら，いつでも戻ってきて構いません。忘れないでくださいね。あなたが仕切るのです。

• 今度はおなかに注意を向けます。おなかが動いていること——呼吸をするたびにふくらんだりへこんだりしていること——を意識しましょう。おなかに注意している間に生じた感情があれば，どんなものにも注目してください。嫌悪感や避けたい気持ち，この部位に留まっているのはいやだとか，そうした感情を味わいつづけるのはいやだという気持ちがありますか？　もしあったら，そうした感情に向き合うこと——それらに注意を向け，それらが実際どんなふうに感じられるかに気づくこと——ができるかどうかをチェックしましょう。そうした感情と結びついたなんらかの感覚が身体に生じるのを感じるかもしれません。数分の間，その感覚に留まっていられるかどうかも，チェックしてください。先ほどと同じように，自分自身に向かってちょっとした優しい言葉をかけたくなるかもしれません。たとえば，「わぁ，なんて勇敢なの！　こんな厄介な気持ちにちゃんと浸っていられるのね」というような励ましの言葉とか，「こんなふうに感じるなんて，かわいそうに。でも，こんなこと，ずっと続くことは絶対ないから」というような，親友にかけてあげたくなるような優しい言葉が出てきたり，「私が食べたものを，胃やおなかがどれだけ頑張って消化してくれているか，私はわかっているのに，これまでつらく当たってきて，ごめんなさい」とまで言ってあげたくなったりするかもしれません。

• もしよければ，片手をおなかの上に置き，おなかをなだめるように

そっとさすってもいいでしょう。

- そして次は，胸に注意を移し，呼吸のたびに肺がふくらむことや胸が上下することに気づいてください。心臓の鼓動にも気づくかもしれません。この心臓はあなたが生まれてからこの方ずっと，いいえ，あなたの誕生前からずっと拍動しつづけています。あなたのためにだけ拍動しつづけてきたのであり，その存在理由は，あなたが生きていられるようにすることです。少し時間を取り，肺と心臓が続けてくれているあらゆる働きに感謝の気持ちを抱けるかどうか，チェックしましょう。

- つづいて注意を，首，喉，頭へと移していきます。頭を一日中支えてくれている首の力強さを意識し，そのことに感謝しましょう。そして，喉のおかげで，あなたは話ができ，ものを飲み込むことができ，呼吸できています。頭と頭蓋骨のおかげで脳は安全に守られ，目のおかげで見ることができ，鼻のおかげで呼吸ができ，口のおかげで食べることができ，耳のおかげで聞くことができ，くちびるのおかげでしゃべることができています。それぞれの働きのおかげで，あなたはコミュニケーションを取り，自分自身を養い，この世界を見て鑑賞し，考え，創造し，自分を表現しています。さあ，少し時間を取り，心の中で身体のこれらすべての部位に感謝の言葉をかけ，それらがしっかり働いてくれているおかげで生きていられること，この世界に携わっていられることを感謝しましょう。

- さて顔ですが，たぶん，あまり気に入っていない部位が思い浮かんでいることでしょう。鼻が大きすぎるとか，目が小さすぎるとか……。あるいは，**私の耳，こんなに出っ張ってなきゃいいのに**とか，**ニキビ，こんなにひどくならなきゃよかったのに**といった思いが浮かんできたことにも気づいているかもしれません。そうした思いと共に，いろいろな感情も生まれていることでしょう。気が滅入っていたり，心底うんざりしたりしているかもしれません。でも，あなたはたぶん，勇敢にもこうした感情に心を開き，そうした感情があってもよ

第8章　自己イメージと和解する　125

しとし，どんな気持ちが湧いてきても構わないと受け入れ，ただありのままの自分でいることができます。

- ですから，そうした感情に心を開いている間に，それらを和らげてあげましょう。顔に蒸しタオルを当て，顔の筋肉をリラックスさせているところを想像してください。誰かが優しく顔をマッサージしてくれているところ，愛にあふれた手であなたの顔にそっと触れ，筋肉が緩むようにしてくれているところを想像してもいいでしょう。

- 心の中でちょっとした優しい言葉を自分自身にささやいているところを想像しましょう。「かわいそうに，自分の身体のことでそんな気持ちになっているなんて」とか，「顔のことをそんなふうに思っているのは，本当につらいね」，「ずっと前からそう感じていたのはわかっていた……こんなふうに責められていると感じるのは，きっとすごくきつかったはずだ」などといった言葉です。何かサポーティヴ・タッチをしたいと思うかもしれません。心臓の上辺りに手を置いたり，頬をさすったり，自分自身をハグしたりしましょう。ここには，いたいだけいて構いません。自分のハグと優しい言葉の穏やかな慰めを感じてください。

- 準備ができたら，そっと目を開けましょう。少し時間をかけ，手の指や足の指をもぞもぞと動かし，つづいて手，手首，足を同様に動かします。さらに，身体の必要に応じて好きなだけ伸びをしたら，横向きになってから身体を起こします。

　忘れないでくださいね，これは実験です。身体に生じた感覚と思いと感情に注意を払うと，どういう感じになるかを調べているのです。いったんその部位に何があるかに気づけば，その感情と共にいられるかどうか，それに心を開き，それのためにスペースを作り，その部位にいくらか優しさを注いであげられるかどうかをチェックすることができます。憶えておいてください。厄介な感情と共にいるのはきついです。だからこそ，自分自身に優しくすることが大切なのです。

身体に抵抗する

　先ほどのボディスキャンをしている最中，不快な気分になった部位——そこに留まってその感覚を感じている気になれない部位——が，おそらくいくつかあったことでしょう。たぶん，どうしても好きになれない部位があっただろうと思います。

　自分自身のさまざまな部位に抵抗したり，そうした部位を避けたりすると，その部位から生じる感情はしつこく続きます。言い換えると，それらを避けようとしても逃れることはできないということです。**抵抗すれば，それは持続します。**

　上記のボディスキャンを行なうと，こうした不快な感情との向き合い方が身につくようになります。こうした感情に向き合うとは，どういうことでしょう？　それらに抵抗しないということです。それらがそこにあることを許し，自分がそれらを感じることを許し，それらのためにスペースを作り，優しく気づかいながらそれらと共にいるということです。生まれ立ての子犬を抱くときのことを思い出してください。そのようにするのです。

　不快な感情と共にいるのは勇気が要ります。つまり，実際，誰がそんなことしたいと思いますか，ってことです。楽しいことじゃありませんから。でも，そうすることで，自分自身に対して心を開くことができるようになり，時間が経つにつれて，「自分自身」が真に愛すべき存在だとわかってきます。ニキビも何もかも含めて。

　そして，第6章で触れたこと——**感じたものは，癒すことができる**——を思い出しましょう。つまり，何を感じていようとも，それらをすべて感じてよしとし，それらを避けないことで，自分の真の自己とくつろいで共にいられるようになるということです。

第8章　自己イメージと和解する　127

ベティーナの場合

　ベティーナは，自分は醜いと思い込み，魅力的になんて絶対になれないと思い込んでいました。11歳のころ，クラスメートたちがベティーナの鼻が大きいことをからかいはじめました。ベティーナはそれ以前，自分の鼻が人とそんなに違うとはちっとも思っていませんでしたが，いったんいじめが始まると，そのことが気になって気になってたまらなくなりました。今15歳ですが，クラスメートたちは相変わらず折に触れ鼻のことをあれこれ言います。みんなはそれを面白がっていて，ベティーナがそのせいでどれほど動揺しているかを知りません。こういうことがあったせいで，ベティーナは誰かが自分のことを綺麗だと思うことは絶対ないと確信していました。

　ボディスキャンをしたとき，ベティーナは顔——それも特に鼻——に到達するまでは問題はありませんでした。ところが，鼻に感謝しようとしたとき——なんと言っても鼻のお陰でにおいを嗅ぎ，食べ物を楽しめるというのに——自分がひたすら怒っていることに気づきました。最初，頭の中に聞こえてきた言葉は，**私の鼻がこんなだなんて，不公平！　こんな鼻，頼んでもいないのに！　なんで私の鼻，小さくてかわいい鼻じゃないの？**でした。

　けれどもそのあと，ありのままの何かを変えたいと思うと，苦しみが増し，あがきが増えることを思い出しました。さらにマインドフルネスの実習では，自分の考えを観察し，その考えが漂い流れていくことを許すようにと教わったことも思い出しました。その後，いったん自分の考えが流れ去ると，そこに残っているのは悲しみであることに気づきました。気に入らないこの鼻を与えられて，自分は一生この鼻で生きていかなくてはならないという悲しみでした。

　彼女は以前，マインドフルネスとセルフ・コンパッションを実習して，今その瞬間にある感情に心を開くことを教わっていました。でも，最初はそうしたくはありませんでした。そこにある悲しみを感じたくなかったか

らです。ところが，ある瞬間，自分にはそうできる勇気がちゃんとあると感じたので，冷静に優しく自分に言って聞かせました。「悲しみだわ，これは悲しみ。私は今，悲しいと感じている」

ベティーナはそれから，この悲しみを放ったまま，元の思考――この鼻のまま生きていかなくてならないなんて，あまりにも不公平だという思い――に戻りたい衝動を感じました。悲しみを感じているよりも，腹を立てている方が簡単だったからです。でも，やはり，この悲しみと共にいられるかどうかを見てみることにしました。ほんのちょっとの間だけそうしてみよう。悲しみがここにあることを許し，体内でそれがどう感じられるかに注意を払い，それを観察はするけれど，その中にいつづけるわけじゃない。ただそれを感じるだけだもの。

すると，驚くべきことが起きました。ベティーナは，自分の鼻はただの鼻に過ぎないと気づいたのです。そうね，普通の鼻よりは大きいかもしれないけれど，鼻は鼻よ。それはもはや，悩みと怒りと心の痛みの元凶とは思えませんでした。顔の中央にあり，両目と口の間にあるひとつの造作に過ぎませんでした。それだけのことでした。

また会ったね, 内なる批評家さん

自分の容姿をどう感じるかや自分の身体についてどう思うかということになると，私たちの多くに言えることですが，内なる批評家が生きいきとして元気になり張り切ります。私たちの多くは，自分の頭の中にきわめて強烈な批判的な声をもっていて，それは，「あなた，本当に醜いわ。あなたなんか，誰も好きになるはずない」とか，「そんなにデカくて太ってたら，誰もおまえとデートしたいなんて思いっこない」というようなことを言ってきます。このような声が絶え間なく聞こえつづけると，自分には価値がない，自分は人より劣っているという気分になり，とりわけひどく勇気をくじかれます。

この批判的な内なる声はどうやったら鎮められるのでしょう？　特に自己イメージということになったとき，どうしたら自分自身にもっと優しくなれ

第8章　自己イメージと和解する　129

るのでしょうか？

　まず，なぜ批判的な声が心の中に存在するのかを理解すると役立つかもしれません。その声はしばしば，なんらかの形で私たちを守るために存在しています。たとえば，私たちの一部分は，自分が他者から拒絶されることを恐れている可能性があり，そのため，もし内なる批評家が「誰もおまえのことを好きになんかならない！」というようなことを言えば，自分を拒絶しそうな相手の機先を制することになります。言い換えると，誰かが実際に自分を拒絶したときに備え，不意を突かれないようにしているということです。既に自分自身を拒絶しているから，うろたえることはないというわけです。

　自分を貶すことで——特に他者の面前でそうした場合——内なる批評家がやり遂げていることがもうひとつあります。自分が他者より優れているとは思っていないことを他者にわからせるということです。ことに少女たちの間では，自分自身を貶せば，「私はあなたとまったく同じだってわかってる。私たちはみんな，仲間よね」と言っているのと同じことになるようです。それは他者とつながるひとつの方法であり，まるである種の合意——自分は誰も出し抜かないし，みんな同じチームのメンバーだという合意——を結んでいるかのようです。進化の観点からわかっていることですが，独りで頑張るよりチームを組む方が生き残りに役立ち，自分の守りに役立ちます。

　というわけで，内なる批評家はしばしば，あなたの態度や，自らの容姿に対するあなたの愚痴，自らの身体に関するあなたの思いに絡めて，あなたを安全に保護しつづけようとします。ただ，ストレスや抑うつ状態の兆しが見えそうなときには，少々やりすぎることもあります。でも，この批判的な内なる声を抑えておく方法はちゃんとあります。

　次のエクササイズでは，紙と筆記具が必要です。ここでは，内なる批評家が容姿に関して高圧的になったときにその声を鎮める方法を身につけることができ，新たな声が生まれる空間を作ることができるようになります。その新たな声もまた，あなた自身のものです。そして，それは批評家の声よりもずっと優しく，思いやり（コンパッション）にあふれています。

瞑想

内なる批評家を鎮めて，自分自身の本当の声を聞く

この瞑想の音声ガイドは，
http://www.newharbinger.com/45274 でダウンロードできます。

- ずっと自分を苛みつづけている容姿関連のことについて考えましょう。たとえば，耳が出っ張っているとか，鼻が大きすぎるといったことかもしれません。

- 次に，気に入っていない自分自身のパーツを意識したときによく浮かんでくる批判的な言葉を書き出します。内なる批評家はどのような言い方をしますか？　それをどういう口調で言いますか？　たとえば，「それ，まるで大男の鼻よ。魅力的どころか，絶対まともにすら見えないわね」というようなことを言いますか？

- つづいて，内なる批評家がこれまで自分をどれだけ苦しめてきたかについて考えます。そのようなひどい批判をずっと聞きつづけることがどんなにつらいかを考え，自分自身に思いやりを向けようとしてください。これを実行するよい方法は，自分自身に向けて優しい言葉を書くことです。例を挙げましょう。

  - 長いこと，そんなひどい言葉を聞きつづけなくてはならなかったなんて，本当にかわいそう。

  - こんな仕打ちを受けるいわれは，きみにはない。きみの心は本当にきれいだもの！

  - あなたのこと，大切に思っているし，あなたには幸せになってほしい！

- あるいは，自分自身にサポーティヴ・タッチをしてあげたいと思うかもしれません。心臓の上辺りに手を置いたり，背中をポンポンとしてあげたり，優しくハグしたりするといいでしょう。

- 今度は，こう考えましょう。「内なる批評家は，なんらかのやり方で

第8章　自己イメージと和解する　131

──たとえそのやり方が非生産的で長く私を傷つけるものであって
も──私の安全を確保して私を守ろうとしているってことはありう
るだろうか？　ひょっとして，ほかの誰かから傷つけられることか
ら私を守ろうとしているのだろうか？」

- もしそうなら，内なる批評家はどのようにしてあなたの安全を守
  ろうとし，あなたに対する危険や危険と思われるものからあなた
  を守ろうとするのかを，書き出してください。

- そのやり方が特定できたら，自分の内なる批評家の努力を認めて
  あげられるかどうかをチェックし，感謝の言葉を書き留めましょ
  う。そのやり方が今はあまりうまく役立っていないとしても，そ
  の意図はよいものであり，それなりの最善を尽くしたものである
  ことを，内なる批評家に知らせてあげてください。

- 内なる批評家がどのように自分を助けようとしているのか，そのや
  り方を見つけることができない場合は──ときにはその批判にはな
  んの価値もないように思われることもあるので──過去の自己批判
  で自分がどれだけ傷ついてきたかを思い，自分自身に思いやりを向
  けつづけてください。

- 内なる批評家という自分の一部分(パート)から話は聞いたので，今度は，自
  分の中の別の声を見つけましょう。この声は，批評家のものより静
  かで穏やかですが，平静な気持ちでじっと耳を傾けていると聞こえ
  てきます。この声は賢明であり，あなたを心から大切に思い，あな
  たにとって最善の状態を望んでいます。

- 目を閉じて，もし自分にとって適切だと感じられるなら心臓の上辺り
  に両手を置いてください。そして，セルフ・コンパッションにあふ
  れた賢明なパートからの語りかけとして，以下を自分自身に向かっ
  て言いましょう。

  - 「ぼくはきみを心から大切に思っているし，きみにとってベスト
    な状態を望んでいる。自分の一部分について，そんな厳しい批判
    を聞くのはどんなにつらいことか，ぼくにはよくわかる。長い間

それを聞きつづけなくてはならなかったなんて，本当にかわいそうに！ 特に今は，とても多くの変化——脳内の変化，身体の変化，友人や家族との人間関係の変化——を経験している時期だもの。学校でのプレッシャーもあるだろうし，とてつもなく多くのことが進行している。だからこそ，自分自身に優しくして穏やかに接してはどうかな？ ね？」

- 「私はあなたを大切に思っているし，もうこれ以上あなたに苦しんでほしくない。あなたの気分がよくなるよう手助けをするには，どんなことを言ってあげたらいいの？」
- 「きみの内なる存在——きみという人間の本質——は美しい。そのとおりだと，きみは心の奥深くでわかっている」

- 自分に向けて言う真実味のある言葉をなかなか思いつかない場合は，親友とかペットとかが自分を慰めようとして言ってくれそうなことを考えてみましょう。ペットは，私たちがどんな姿をしていようとも，どんな間違いを犯そうとも，私たちを愛してくれます。それに，ペットはしばしば私たちの不安を察し，私たちがもっとも慰めを必要としているときに慰めてくれます。ですから，もしペットが話せたら，どんなことを言ってくれるかを想像しましょう。「あなたのことが大切だから，ここにいてあなたを守り，あなたのことを気づかっている」というようなことを言ってくれるのではないでしょうか。
  - 少し時間を取り，そうした優しい言葉を自分自身に向けて心の中で繰り返しましょう。
- さあ，思いやりにあふれた賢明な声のおかげで，自分自身の本当の声が手に入りましたから，あなたは自分に手紙を書きたくなっているかもしれません。あの批判的で厳しい言葉は自分の役に立っていないこと，たぶん次は優しいメッセージを自分に送ってあげられそうだということを手紙に書きましょう。

第8章 自己イメージと和解する　133

自分自身を励ますために言う適切な言葉をなかなか見つけられなくても，心配は要りません。これには時間がかかりますし，練習すれば次第に簡単にできるようになっていきます。大切なことは，自分自身に前よりも優しくしようとする意思をもつことです。

　このエクササイズでは，内なる批評家の声に時間を与えていることに注目してください。それが存在することを許すばかりか，これまでずっとあなたの安全を確保しようとしてきたことに感謝もしています。もしそれを追い払ったり避けたりすれば，それは前以上に強くなって戻ってくるでしょう。こうした厄介な感情の存在を許すことで，実質的にその力を弱めるのです。そして，平静を保って耳を傾けることで，自分自身の本当の声が出てこられるようにするのです。

　ときにその内なる批評家の言葉が聞こえつづけているとしても，がっかりしないでください。憶えておきましょう。それは私たちの安全を保とうとしているのであり，そのため，折に触れて頭をもたげるのです。それはそれで構いません。その声にどれだけ耳を傾け，どれだけ耳を貸さないかは，常に自分が選択できるのですから。

まとめ

　私たちは，広告やメディアが発するメッセージ——自分は魅力的ではない，人気がない，力不足だ等のメッセージ——に常にさらされています。そして，自分と他者を比較し，しまいには，お手上げだと感じるようになります。

　けれども，ここから抜け出す方法はあります。「おまえは今いちだ」と言い募る批評家の声を手放し，自分自身の本当の声に耳を傾けることは可能です。あなたの本当の声はしばしば，あなたの奥深くに埋もれていますが，あなたが愛すべき存在であること，ありのままで十分であることを教えてくれます。耳を傾ければ，それはあなたの道標になってくれます。

第9章

「LGBTQIA＋」というアイデンティティの舵取り

　ティーンであるということは，自分が何者であるかを明らかにしようとしているということです。この道程で必要なのは，自分にとって何が真に重要か，何が自分の人生に意味を与えるのか，この世界で自分はどうありたいのかを深く追求して見つけることです。多くのティーンにとって，これは自分の「性的嗜好」と「性自認」の探求を意味します。たとえばシスジェンダー——すなわち出生時に割り当てられた性別が心の性と一致しているケース——であっても，ヘテロセクシュアル——異性愛者——であっても，本章を読むことで得る恩恵は，やはりあるでしょう。というのも，ひとつには，本章が羞恥を取り上げているからです。羞恥は，「LGBTQIA＋」であってもなくても，誰にでも生じる感情です。ですから，羞恥について学び，恥しいと思う気持ちが湧き上がってきたときにどう自分自身を思いやるかを教えてくれるエクササイズを行なうことは役に立つと，どなたも思うのではないでしょうか。（「LGBTQIA＋」については「謝辞」脚注参照）

　本章を掘り下げていく前に，「ジェンダー・アイデンティティ」と「セクシュアル・アイデンティティ」を区別しておくことが重要です。ジェンダー・アイデンティティは，性自認のことです。これはいろいろあって，男性のこともあれば，女性のこともあり，そのいずれでもない場合もあります。西洋文化では，私たちの大半は，ジェンダーには男女のふたつしかないと信じて育ってきていますが，歴史上の多くの文化は，3つのジェンダー，4つのジェンダー，5つのジェンダーにさえ敬意を払ってきています。たとえば，アメリ

カ先住民の多くの種族には数個のジェンダーがあり，ほかにも，タイのカソウィ，中東のサルジクラム，インドのカーストのヒジュラ，サモアのファーアファフィンも同様です（Testa, Coolhart, and Peta, 2015）。

今日では，アメリカにも世界中にも，ノンバイナリー，すなわち，自分は男でも女でもないと考えている人々がたくさんいます。ジェンダーが男性と女性の間の連続体であり，その間のどのようなケースもありうることを，私たちの社会はやっと学びはじめたところです。今後，ジェンダーの連続体という考え方がこれまでよりはるかに理解されるようになり，受け入れられるようになることでしょう。けれども，そのときが来るまでは，社会から受け取るメッセージのせいで，男女のいずれでもないと性自認するノンバイナリーの人々はしばしば，部外者のような気持ちに苦しみ，自分には何かおかしいところがあるのではないかなどとも思って苦しみます。

一方，セクシュアル・アイデンティティはジェンダー・アイデンティティとはまったく異なり，当人がどういう人に惹かれるかということを言っています。たとえば，あなたが男性なら，女性に惹かれるケース（異性愛）や，男性に惹かれるケース（ゲイ）があります。あなたが女性なら，男性に惹かれるケース（異性愛）や女性に惹かれるケース（レズビアン）があります。また，男女双方に惹かれるバイセクシュアル，ジェンダーとは無関係の人に惹かれるケース（クイアセクシュアルもしくは全性愛）もあります。今日では，ヘテロセクシュアル以外のセクシュアル・アイデンティティをもつことは一般的に，以前よりは受け入れられていますが，自分のセクシュアル・アイデンティティを模索中であったり，自分はゲイだと思っていたりする多くのティーンは依然として，自分は人とは違っているという気持ちや部外者のような感じに苦しんでいるかもしれません。

どのような文化にも，一連の規範──「正常」だと信じるよう人が育てられる特定の基準──があります。その規範から外れると，自分には何か間違ったところがあるというような気持ちになりかねません。そして，残念ながらこうした規範はかなり偏狭なことが多く，したがって，多くの人々はなかなかそれにすっぽり収まることができません。そして，収まり切れない場合，

しばしば羞恥の念を抱きます。

サンティの場合

サンティは男子として育ちましたが，男子であることに苦痛を感じなかったことが一度もありません。現在は女子と認められていて，自分に言及するときには「彼女」という代名詞を使ってほしいと周囲に頼んでいます。ですから私は，サンティの経験を語る際，ジェンダーを変えはじめる前のサンティについても，「彼女」を使って説明するつもりです。

サンティは子どものころ，男子の典型的な活動の大半を楽しむことがなく，姉の人形で遊んだり，姉のプリンセス風のドレスを着たりする方が好きでした。4歳になったとき，自分は女の子だと両親に伝え，幼稚園にはワンピースを着て行きたがり，髪も長く伸ばしたがりました。両親はサンティのこの行動に賛成することはできず，おまえは男の子なのだから，男の子らしい服装をして，「男の子らしいこと」をしなくてはならない，と言い張りました。

両親はサンティを野球チームに入れましたが，本人は野球が大嫌いでした。バッターボックスに立ち，周囲の視線が自分に集まるときが特に嫌いでした。ひどく緊張して，そのせいで余計に打てなくなります。そこで両親は，バスケットボールをやってみたらと言いました。彼女にしてみれば，バスケの方が野球よりは少し好きだったし，ゲーム自体，野球よりはるかにましで，実際シュートもかなり得意でした。それでもやはり，サンティは独りで木に登っている方がずっと好きでした。木には，腰を下ろしていられる隠れ場所のようなところがよく見つかりました。そこにいると，安全だと思えたし，自分らしくしていられる気がしました。

年齢が進んで思春期に入ると，サンティの身体に変化が出はじめました。体毛や声変わりなど，男性的な身体的特徴が出てくるにつれて，自分の身体が次第に不快に感じられるようになり，彼女は落ち込んでいきました。サンティは，自分が今入っている身体は自分のものではないように感じて

いました。自分の心は女性だ，自分の本当の自己は女性だ，この身体は自分を裏切っているという気持ちがどんどん強くなっていきました。それに加えて，もって生まれた男性の身体をほしいと思わないことについて，自分には何かとんでもなくおかしなところがあると感じていました。それがひどく忌まわしいことのように思えて，奇妙というか，完全に変人のような気分になるのでした。さらに，羞恥も感じていて，そのせいで彼女は強い孤独を味わっていました。この気持ちについて話せる相手がいるとは思えませんでした。話せば，みんな，自分のことをモンスターだと思うだろうと考えたからです。

サンティのジェンダー・アイデンティティは女性でしたが，彼女が生まれたとき，医師たちは両親に，この子は男の子だと言いました。ジェンダー・アイデンティティが出生時に割り当てられたジェンダーと一致していなかったために，彼女は孤独を感じ，自分という人間を恥ずかしく思ったのです。

リサの場合

リサのケースはサンティとは異なりますが，彼女もやはり，社会がこうあるべきと期待する姿に合致することがなく，しまいには，それを恥ずかしく感じるようになりました。

リサは女の子として育てられ，自分のジェンダー・アイデンティティを疑うことは一度もありませんでした。女子であることを不快に思うことは一度としてなかったのです。ところが，中学生になったとき，ある学科で同じ教室になる女子にときめくようになりました。艶のある長い黒髪で，満面の笑みを浮かべるその少女が，リサには美しく見え，彼女が頭をのけぞらせるようにして笑うと，自分もひそかに生きいきしてくるのを感じました。リサは彼女に惹かれていました。

リサは気がつくと，彼女のことばかり考えていました。もっとはっきり言えば，四六時中彼女のことを考えていました。授業中も，家の自室でも，

スクールバスの中でも，彼女について空想を巡らせていたのです。そして，そうしている自分に気づくと，ひどく恥ずかしく思いました。本当は男子に惹かれるべきなんじゃないの？　どうしてあの子のことを，こんなにいつも考えちゃうんだろう？　まともじゃないんじゃないの？　こんなこと，あっていいはずはない！

　リサは，さらに少し年齢を重ねていくと，ときには惹かれる男子を見つけることもあり，そんな男子とデートすることもありました。でも，たいていは，いつの間にか女性に惹かれているのです。彼女はこのことに強い羞恥を抱き，自分には何かとんでもなく間違ったところがあるように思いました。リサはときに自分を憎み，しばしば自傷を想像しました。

　サンティとリサのケースは，トランスジェンダーや同性愛がどういうものであるかを示す2本のシナリオに過ぎません。たとえば，ティーン時代やその後に自分が異なるジェンダーであることに気づいた人のストーリーは，間違いなくほかにも多数あります。そして，同性愛の人たちは，かなりの年齢になるまで自分の性的な方向性と折り合えないのかもしれません。

　とは言え，サンティとリサには共通点があります。ふたり共，自分という人間を恥ずかしく思っているという点です。羞恥はしばしば，自分に欠点がありすぎるせいで，ありのままの自分を受け入れてもらえないと感じるとき，自分に何か本質的に間違っているところがあり，そのせいで自分には価値がないと感じ，他者の重荷にすらなると感じるときに生まれます。ジェンダー・アイデンティティとセクシュアル・アイデンティティに関して，これが発生しやすいのは，社会が定義する男性と女性の定義が狭いために，自分がそこに属していないと感じかねないからです。部外者だと感じるとき，しばしば羞恥が生まれます。羞恥には強い力があり，これが生じると，自分には価値がないと感じ，ときには，自分は存在すべきでないとさえ感じる可能性があります。

　ところで，羞恥とはなんでしょう？　簡単に言えば，自分には欠点がありすぎるため，人に愛されるような存在ではないと思い込む信念です。自分に

は何かひどくおかしなところがあり，そのせいで人とは違っていると思い込む信念です。羞恥が特に強い場合，生きる価値さえないと感じることもありえます。

　羞恥はまた，非常に無垢な感情でもあり，愛されたいという気持ちから生まれるものです。私たちは誰もが人に愛されることを望みます。それは実際，ほかの何よりも強く望み，必要としていることかもしれません。愛され，所属することを必要とするのは，私たちの生態にとっての基本原則であり，自分がどういう人間であるかということにとっての基本原則です。進化の観点から言えば，なんらかの集団や種族に属していれば，その集団に守ってもらえるため，生き延びる可能性が高まります。属する先がないと感じるとき，自分は弱い存在だと痛感することもあるでしょう。

　恥ずかしいと感じているとき，私たちはしばしば，強い孤独を感じます。こんなふうに感じるのは，この広い世界で自分だけだと思い，ひどく傷ついた人間として，独り注目を浴びていると思うのです。

　ただ，羞恥にはおかしな点もあります。誰もがどこかの時点でこれを感じるということです。それどころか，私たちの大半にとって，羞恥はかなり頻繁に生まれるものでもあります。人前でミスをしたとか，何かを言い間違えたなどというような些細なことがあっても，ちょっとした羞恥を感じるかもしれません。

　ですから皮肉なことに，たとえ孤独を感じても，こと羞恥となると，本当に孤独になることは決してありません。いつ何時であれ，私たちと同時に同じことを感じている人が，世の中には実にたくさんいます。ですから，次に恥ずかしいと思ったときには，ほかにもそう思っている人がいくらでもいることを思い出してください。あなたは独りぼっちではありません。

　私たちにとって幸いなことに，セルフ・コンパッションは羞恥に驚くほどよく効きます。以下のエクササイズは，セルフ・コンパッションを使って羞恥に取り組む際に役立ちます。これは，第6章で行なったエクササイズ「自分自身のためにちょっとした時間を割く」に少し手を加えたものであり，「マインドフル・セルフ・コンパッション」プログラムにある別の実習からヒン

トを得たものでもあります。このエクササイズは，以下の説明から受ける印象よりはるかに短時間で行なうことができますが，しっかり身につけるためには，時間をかけ，さらに延長し，かつ，ゆっくり行なう方がよいでしょう。

瞑想

自分自身のために少し時間を割き，羞恥に取り組む

この瞑想の音声ガイドは，
http://www.newharbinger.com/45274でダウンロードできます。

　このエクササイズは，今恥ずかしいと感じていると気づいたとき，いつでも行なうことができます。その羞恥は，ジェンダー・アイデンティティやセクシュアル・アイデンティティに関する感情から発しているかもしれませんが，必ずしもそうである必要はありません。カフェテリアでつまずいてみんなが一斉に振り向いたとか，授業中空想にふけっていたら先生に名前を呼ばれたなどというときの羞恥の場合もあるでしょう。あるいは，クラスの理想の同性を見つめていたとき，当人が振り向いてものすごくイヤな顔をしたのは，きっと「そんなふうに見るのはやめて，気色悪っ！」という意味だなと思ったときの羞恥かもしれません。

　これを読んでいる今は，たぶん羞恥を感じていないでしょうから，その場合は，練習できるように，恥ずかしいと感じたときのことを思い出しましょう。

- まず必ず，自分が安心していられて，誰からも余計な口をはさまれないような場所で，楽な姿勢で座っていられるようにしましょう。そして目を閉じ，身体の感覚——特にクッションや椅子に触れている身体の部位の感覚——に注意を払い，そこに生じている感覚がどういうものかに注目してください。その感覚は心地よいものですか？　不快ですか？　椅子に触れている身体の部位に温かさ，もし

第9章　「LGBTQIA＋」というアイデンティティの舵取り　141

くは冷たさは感じられますか？　その部位には，窮屈な感じや締め
つけられる感じがありますか？　それとも，緩んでいる感じがあり
ますか？　少し時間を取り，この空間で自分の身体をひたすら感じ
ましょう。

- では，ばつが悪いと思ったり，少し恥ずかしく感じたりしたときの
ことを考えてください。どうしようもなく恥ずかしくなったときの
ことは考えない方がよいでしょう。10段階で3もしくは4辺りのこ
とを考えることが大切です。そのときの状況を思い描いてください。
そこには誰がいましたか？　どのような言葉が交されましたか？　何
が起きましたか？　そのときに感じた恥ずかしさ——それによって
生じる感覚を実感できますか？　それを今，自分の体内に感じられ
ますか？

- それを感じることを自分自身に許可しましょう……それに時間を与
えるのです。あなたの一部分はたぶん，その感覚から逃げ出したい
とか，それを追い払いたいなどと思います。それはまったく自然な
ことです。というのも，恥ずかしく感じるのは心地よくないからで
す。けれども，恥ずかしいと思う代わりに，それによって生じる感
覚に心を開こうとしてください。それに向き合い，それを感じるこ
とを自分自身に許可するのです。その感覚が必要としている時間を
十分に与えるのです。その感覚への扉をほんのちょっと開けるだけ
でも，役立ちます。扉を大きく開けなくてはならないと思う必要は
ありません。その感覚を感じつつ，それでも安心していられる程度
に開けるだけで十分です。勇気を出しましょう。厄介な感覚を感じ
ることを自分に許可するには，多少の勇気が必要です。

- 優しく穏やかな声を使って，その感覚を認めましょう。「私の一部分
は今，苦しんでいる。今感じているのは恥」とか，「この感覚，最
悪。恥ずかしく思うって，すごくイヤな感じ」などと言うことにな
るかもしれません。あるいは，「恥，見っけ」というような言い方
になることもあるかもしれません。これは，このエクササイズの中

でマインドフルネスを実践する部分です。自分が今感じていること
――ここでは，恥ずかしいという感覚やばつが悪いという感覚――
をひたすら自覚するのです。そうするには勇気が要るとわかってい
るので，称える言葉を自分にかけましょう。「よくやっている！　本
当に勇気がある！」というような言葉がいいかもしれません。

- ここで，自分自身の言葉を使って，「恥ずかしさは，人が感じるごく
一般的な感情だ。誰だって恥ずかしいと感じることがある」と自分に
言い聞かせましょう。実際，私たちの大半は日常生活の中でかなり
頻繁に，ちょっとした恥を感じています。自分に言い聞かせる言葉
は，「この惑星の誰もが羞恥を感じる」となることもあるでしょう。
これは，このエクササイズの中で共通の人間性に触れる部分であり，
この感覚は孤独を感じる原因になるけれども，実際には私たちを結
びつけるものであることを理解する部分です。私たちは「LGBTQIA
＋」であろうとなかろうと，誰もが羞恥を経験しています。

- 最後に，少し時間を取って自分自身に優しくしましょう。自分にとっ
て真に慰めになるサポーティヴ・タッチから始めたいと思うなら，
そうしてください。たとえば，心臓の上辺りに片手を置く，両手で
顔を包む，自分をそっとハグするといったことをするといいでしょ
う。そして，ちょっとした優しい言葉を自分にかけましょう。同様
の状況で苦しんでいる親友がいたら，どういうことを言ってあげる
か考えてください。その親友にどんな言葉をかけますか？　もし親
友にそうした言葉をかけるとしたら，自分自身にもそうできるはず
です。かける言葉は，「あなたには本当に感心する」とか，「きみは
いいやつだ」，「あなたのことが大切なの」など，シンプルなもので
大丈夫です。

- 心を鎮めるタッチや自分への優しい言葉かけは，好きなだけやりつ
づけて構いません。それをしながら――たとえこの一瞬の間だけで
も――ありのままの自分を受け入れられそうかどうかを調べましょ
う。その際には，この惑星で暮らしながら呼吸をしているひとりの

第9章　「LGBTQIA＋」というアイデンティティの舵取り　143

人間として，自分には優しさに浴する価値があり，そっくりそのま
までいる感覚を味わう価値があることを思い出しましょう。

• 準備が整ったら，静かに目を開けてください。

　この瞑想をしたあとは，たぶん少々気分がよくなるでしょう。多くの人が
そうなります。ただ，自分には少し弱いところがあるなあと思う人もいるか
もしれません。どう感じようとも，自分自身に優しくすることを忘れないで
ください。中には，進んでありのままの自分を受け入れようとしても，ほか
の人より少々時間がかかる人もいます。大切なのは，この瞑想をしたあとに
よい気分になるかどうかではありません。心を開いてありのままの自分を受
け入れようとする意思をもちつづけることです。そうすることで，ある日目
が醒めると，自分のことを実際に好きになっていて，自分の真価を認めてい
ることに気づきます。そのようになったら，ありのままの自分でいる勇気を
もった自分自身を褒めましょう。

中核にある否定的な信念

　羞恥は，手放そうと思っても，そう簡単には手放せないこともあり，あな
たは今，どうしてなんだろうと思っているかもしれません。一部の人があり
のままの自分の受容になかなか踏み出せないのは，どうしてなのでしょう？
　私たちの多くはこれまでずっと，自分自身に関する否定的な信念を形成し
てきました。残念ながら，「LGBTQIA＋」のティーンには，特にこれがよく
当てはまります。その根っこは，社会や家族から受け取るメッセージ，とき
には友人たちからさえ受け取るメッセージにあるのかもしれません。私たち
の社会は概して，女性は女性らしく振る舞うこと，男性は男性らしく振る舞
うことを期待し，そうでない場合はすべて，怪しいとみなされます。
　親や養育者はときに否定的なメッセージを送ります。たとえば，あなたが
生まれ，親が「男の子ですよ」と伝えられた場合，あなたは男の子らしく振
る舞わなくてはなりません。それはしばしば，伝統的に男の子がしてきたこ

とを——女の子を好きになることも含めて——するという意味になります。ですから，たとえば，もしあなたがゲイであったり，自分は女子だと考えていたりすると，親はそれを認めようとしなかったり，あなたが自分らしくくつろいでいられる人格であろうとするのを思いとどまらせようとしたりするかもしれません。

　そしてあなたは，長きにわたって例のさまざまなメッセージを聞かされることになります。その結果，あなたは無意識のうちに自分自身に向かって以下のようなことを言うようになるかもしれません。

**　ぼくは出来損ないだ。**
**　ぼくには価値がない。**
**　ぼくは壊れている。**
**　ぼくは，周りのみんなのお荷物だ。**
**　ぼくには何かとんでもなく間違ったところがある。**
**　ぼくは家族をひどくがっかりさせている。**

　さらにはこんなことまで……

こんなメチャクチャなぼくは，生きている価値なんてない。

　上記のようなことをいつも自分自身に向かって言っていたり，それを信じていたりしても，そう感じるのはあなたの落ち度ではないことを知ってください。おそらく，それは主に，ジェンダー・アイデンティティおよびセクシュアル・アイデンティティに関するこの社会の理解が限定的であることが原因です。そして，この40年の間にセクシュアル・アイデンティティに関する私たちの理解はおおいに変化してきました。私たちは今，以前よりはるかにストレートでない人々を受け入れるようになってきています。ジェンダー・アイデンティティについても，きっと同じことが起きるでしょう。

第9章　「LGBTQIA＋」というアイデンティティの舵取り　145

どうすれば中核にある否定的な信念を信じないように なれるのか

　中核にある否定的な信念は，沈黙によって維持されます。私たちはそれについて話すことはめったにありません。というのも，率直に言いますが，自分自身のことをそこまで不快に思っていることを認めると，とてつもなく恥ずかしい思いをすることになりうるからです。私たちは，自分が強くて自信たっぷりだと人に思われたいのです。そういう自分を世間に向けてアピールするようにと教えられてきています。もし自分自身のことをこうまで不快に思っていることを人に知られたら，相手はきっと，**あいつがあいつ自身を好きになれないとしたら，なんでぼくがあいつを好きにならなければならないんだ？**　と思うだろうと考えるのかもしれません。ですから，私たちは自分のそういった部分を隠し，世間にはいかにも幸せそうなふうを装って，何もかもうまくいっているふりをします。

　この羞恥のサイクルをストップするには，まず，こうした信念をもっていることを自分自身に対して認め，自らを思いやりましょう。そして，準備ができたと思えたら——準備ができたと思えて初めて——心を開き，自分自身に関するそうした感情を，安心できると思う相手に話しましょう。

　以下の実習は，中核にあるこうした否定的な信念を調べるためのもので，大人向けの「マインドフル・セルフ・コンパッション」プログラムにある別の実習もヒントにしています。

実習

自分自身の本当の声を思い出す

- あなたが安心してくつろいでいられる場所を想像しましょう。居間のソファかもしれませんし，裏庭の木の上かもしれません。自室のベッドで丸くなった状態かもしれません。あるいは想像上の場所で，雲の上とか，ふかふかのキルトのクッションがあふれている部屋な

どもいいでしょう。その場所をできるだけ細かいところまで想像し，特に，その場所で自分がどう感じているかをしっかり想像してください。

・では，気まずい思いをした状況を思い描きましょう。誰かがみんなの前であなたに対して，何か傷つくようなことを言ったという状況かもしれません。そこに誰がいて，どんな言葉が交されたか，とりわけ，そのせいで自分がどう感じたかを思い出してください。これは，時間をかけて行なうことが重要です。急いではいけません。

・みんながこの状況について知った場合，自分のことでみんなにわかってしまうと思うことについて，よく考えましょう。それを言葉で表せますか？　たぶん，「ぼくは出来損ないだ」，「私はすごくいやな人間だ」，「私には価値がない」といったところでしょう。これが，中核にある否定的な信念です。

・中核にあるその否定的な信念を，親友に語りかけるような思いやりにあふれた声で，はっきり言いましょう。「そうか，きみは自分のことを出来損ないだと思うんだね――それはひどくつらいだろうね」とか，「あなた，ずっと自分には価値がないって思いつづけていたの？　それじゃ苦しくてたまらないわね」といった感じでしょうか。

・思い出してください。出来損ないだとか，すごくいやな人間だとか，価値がないなどと思っているのは，実際には自分の一部分に過ぎません。その部分は今のところ大きく立ちはだかっていて，自分を打ち負かしているように感じられるかもしれませんが，それは一部分に過ぎないことを忘れてはいけません。あなたの中には，ほかにもたくさんの部分があります。そのひとつは賢明で，思いやりにあふれています。その部分はあなたを無条件に愛し，いつもそこにいて，あなたを支えようとしてくれています。これが，あなた自身の本当の声です。

・今すぐ，その賢明な部分，すなわち自分自身の本当の声に向き合い，背景から出てきてもらって，声を聞かせてもらいましょう。その声

に時間をいくらか用意し，出てきてもらうのです。自分自身の本当の声は何を語るでしょう？　たぶん，「ぼくはきみのためにここにいるよ」，「あなたのこと，大切に思ってる」，「あなたが苦しんでいるのが気の毒でたまらない」というようなことを言うでしょう。あるいは，「あなたがこんなふうに苦しんでいいわけがない。私がここにいて力になる。ずっとあなたと一緒にいるから」と言ってくれるかもしれません。

- 思いやりに満ちたあなたの声は少し熱を込め，あなたを守ろうとして以下のようなことを言うかもしれません。「きみは，今のきみのままでいたらいいんだ。ゲイやノンバイナリーだってことで，きみは誰かを傷つけているのかい？　ノーだ。きみはすごい人だよ。真に自分らしくしているだけで，きみは一層幸せになる。そして，より幸せな人はこの世界をよりよい場所にする」あるいは，あなたの本当の声は静かなタイプで，ひたすらあなたに愛と優しさをたくさん送ってくるだけかもしれません。いずれの場合であれ，思い切って自分自身の本当の声をたっぷり浴び，その言葉を自分の中に沁み込ませて自分の一部にしましょう。

- 準備ができたら，自分自身の本当の声には，元の内面深くの居場所へ戻ってもらってもいいでしょう。必要になったらいつでもそれを呼び戻せるとわかっているからです。その声は落ち着いていて賢明であり，思いやりと勇気にあふれています。そして何より，いつもここにいてくれます。

　私たちは誰しも中核に，羞恥から生まれた自分自身に関する否定的な信念を抱えています。勇気を出してそれらを認めると，自分自身の本当の声——内面の奥深くに隠れている賢明で思いやりにあふれた声——に向き合うことができるようになります。心を鎮めてその声にしっかり耳を傾け，それに空間を与えてあげましょう。そうすれば，その声は内奥から出てきて私たちのガイドとなり，次の一歩を踏み出すために必要な支えをすべて与えてくれます。

まとめ

　ティーンには，ティーンであるというだけで抱え込んでいるものが既にあるでしょうし，その上に，特異なジェンダー・アイデンティティやセクシュアル・アイデンティティを探っていけば，さらにストレスを重ねることになりかねません。私たちの社会はまだ，ジェンダーの多様性をおおっぴらに支持しているわけではなく，かなり進展しているとは言え，セクシュアル・アイデンティティの多様性も完全に支持しているわけではありません。「波に逆らって」——たいていの人の期待に逆らって——進もうとすると，あなたのことをわかってくれない人々，あなたが自分たちと違うという理由であなたを怖がる人々，したがって，あなたを受け入れない人々としばしばぶつかります。そうなったときこそ，セルフ・コンパッションの出番です。

　私たちは誰しも中核に，羞恥から生まれた自分自身に関する否定的な信念を抱えています。勇気を出してそれらを認めると，自分自身の本当の声——内面の奥深くに隠れている賢明で思いやりにあふれた声——に向き合うことができるようになります。心を鎮めてその声にしっかり耳を傾け，それに空間を与えてあげましょう。そうすれば，それは内奥から出てきて私たちのガイドとなり，次の一歩を踏み出すために必要な支えを与えてくれます。

第9章　「LGBTQIA＋」というアイデンティティの舵取り　149

まとめのまとめ

　ティーンは，楽ではありません。実に多くの変化がいっときに起きつづけます。親や仲間との人間関係にも，身体や脳にも，学校生活にも多くの変化が生じます。それに加えて，友人をもち，その友人たちとつながっていると感じたいという思いから，プレッシャーも感じているかもしれませんし，ひょっとしたら，学業上の負担がとんでもないことになって，よい人生を送るにはよい仕事に就かなくてはならない，そのためにはよい大学に入らなくてはならない，そのためにはよい成績を取らなくてはならないとせっつかれ，重圧に押しつぶされそうになっているかもしれません。かかってくる期待はとてつもなく大きく，やるべきことは常に山積しています。ストレスは留まるところを知らないかのようです。

　あなたはもしかしたら，人生のパズルのすべてのピースをそろえた上で，それらをそれ相応の場所に収めないと，運が尽きて残りの人生は悲惨なものになるというようなメッセージを受け取っているかもしれません。期待されていることをすべて成し遂げないと，内なる批評家が登場します。けれども，期待されていることを何もかも達成するなんて，たいていは無理です。というのも，期待されることが多すぎるからです。ところが内なる批評家は，ときにこっそり入り込み，ときに大胆に真っ向から介入してくるため，現れ方はどうあれ，あなたは例の聞き慣れた自己批判を聞くことになります。「ぼくはなんてバカなんだ，なんであんなこと，言っちゃったんだろう？」，「あの試験，もっとよい点を取らなくちゃいけなかったのに。私ってどうしようもないバカ！」，等々。

　内なる批評家は，たとえ少々我を忘れることがよくあるとは言え，あなたを安全に保護しようとしていることを思い出しましょう。そして勇気を出し

151

て，内なる批評家に近づき，声を落としてほしいと伝えましょう。以下のようなことを言ってもいいでしょう。「ねえ，いつも目を光らせて私を守ろうとしてくれているのは嬉しいんだけど，あなた，ちょっと抑えが効かなくなってきているわ。今はあなたの言葉に耳を貸すつもりはないの。だって，聞いていると，自分のことがよく思えなくなってしまうんだもの」

　そのあと，心を鎮め，心臓の上辺りに手を置いて自分を慰めたり，気持ちが落ち着くような別のサポーティヴ・タッチをしたりするといいでしょう。そして，自分に向けて優しい言葉をかけ，内面の穏やかな声に耳を澄まします。賢明で思いやり^{コンパッション}にあふれたその声は，あなたをよく知っていて，あなたを無条件に愛している声です。何が起ころうともあなたを大切に思い，あなたのためにそこにいてくれる声でもあります。この声は，あなたが何かに傷つけられているときには傍らに寄り添い，あなたがはっきり意見を言って自らを守るときには，必要な支えを与えてくれます。あなたが何をしようと，どんな間違いを犯そうと，あなたには，敬意と優しさと無条件の愛を受ける価値があることを，それは示してくれます。そして，何よりもあなたが大切であることを示してくれます。

　本書は，あなたがセルフ・コンパッションを実践しはじめる機会を提供しています。自分自身に優しくするスキルの習得は生涯にわたって続きます。すなわち，これは，生活を続けながら育みつつ実践できるスキルだということです。すべての人と同様に，あなたもこれから間違いなく，さまざまな小さい問題にぶつかりますが，そういうときには，ぜひセルフ・コンパッションを実践してください。そして，当然ながら，たいていのことと同様，それは実践すればするほど，上手にできるようになっていきます。生涯にわたってセルフ・コンパッションを育みつづける歩みは，満足の得られる道程になります。というのも，自分自身に優しくすることは，自分自身を酷評するよりはるかに簡単で楽しいことだからです。いったんコツをつかむと，重荷を下ろした気分になります。大きな山をえっちらおっちら登っていくのではなく，人生を順調に歩んでいる気分になります。

　ですから，元気を出して，必要な支えと思いやり^{コンパッション}を自分自身に与える勇気

を出しましょう。セルフ・コンパッションを実践しはじめたティーンのひとりシド・ウェストは次のように説明しています。「おかげで，人生観が一変しました。自己受容の場にアクセスできるようになり，自分がしているあらゆることに自己受容が浸透してきています。自分という人間を再びコントロールできるようになり，例の外部の騒音や雑音はすべて，自分の本当の自己から切り離すことができるようになりました」

参考文献

American Psychological Association. "Stress in America: Are Teens Adopting Adults' Stress Habits?" www.apa.org/news/press/releases/stress/2013/stress-report.pdf, 2014.

Fredrickson, B. L. "The Role of Positive Emotions in Positive Psychology: The Broaden-and-Build Theory of Positive Emotions." American Psychologist (2001) : 56 (3), 218-226.

Fredrickson, B. L., Boulton, A. J., Firestine, A. M., Van Cappellen, P.,Algoe, S. B., Brantley, M. M., ... and Salzberg, S. "Positive Emotion Correlates of Meditation Practice: A Comparison of Mindfulness Meditation and Loving-Kindness Meditation." Mindfulness 2017:8 (6), 1623-1633.

Fredrickson, B. L., Cohn, M. A., Coffey, K. A., Pek, J., and Finkel, S. M. "Open Hearts Build Lives: Positive Emotions, Induced through Loving-Kindness Meditation, Build Consequential Personal Resources." Journal of Personality and Social Psychology, 2008: 95 (5), 1045-1062.

Sexton, J. B., and Adair, K. C. "Forty-Five Good Things: A Prospective Pilot Study of the Three Good Things, Well-Being Intervention in the USA for Healthcare Workers, Emotional Exhaustion, Depression, Work–Life Balance and Happiness." BMJ Open, 2019: 9 (3), e022695.

Testa, R. J., Coolhart, D., and Peta, J. The Gender Quest Workbook: A Guide for Teens and Young Adults Exploring Gender Identity. New Harbinger Publications, 2015.

著者 & 「序」執筆者の紹介

　本書の著者カレン・ブルース博士はテネシー大学にて子どもと家族に関する研究で博士号を取得し，現在は，精神医学部で研究に勤しむ一方，フランク・ポーター・グラハム・こども発達研究所の研究員も務めている。研究の焦点は，ティーンのウェルビーイング促進に果たすマインドフルネスとセルフ・コンパッションの役割に絞られている。

　ブルースは研究に加え，自ら創始した「家族のためのマインドフルネス＆セルフ・コンパッション・フランク・ポーター・グラハム・プログラム」を使い，成人およびティーン向けのマインドフルネスとマインドフル・セルフ・コンパッションを定期的に教えている。さまざまな学校や大学で，講演やワークショップも定期的に行なっている。彼女は，「メイキング・フレンズ・ウィズ・ユアセルフ：ティーンとヤング・アダルトのためのマインドフル・セルフ・コンパッション・プログラム」を共同開発したが，これは，クリスティン・ネフとクリストファー・ガーマーの若者向け「マインドフル・セルフ・コンパッション」プログラムを改作したものである。18年にわたるかつての教職経験を活かし，現在は，学術誌『マインドフルネス』の共同編集者も務めている。

　「序」の執筆者クリスティン・ネフ博士は現在，オースティンにあるテキサス大学にて教育心理学の准教授を務めている。彼女はセルフ・コンパッションの研究における先駆けであり，15年以上前にセルフ・コンパッションに関する最初の実証的研究を行なっている。セルフ・コンパッションに関する数多くの学術論文，および，書籍のさまざまな章を執筆するだけでなく，『セルフ・コンパッション』（邦訳：金剛出版）も著している。同僚のクリスト

ファー・ガーマーと共に「マインドフル・セルフ・コンパッション」と呼ばれる経験的に支持された8週間のトレーニング・プログラムを開発し，世界中でセルフ・コンパッションのワークショップを提供している。

［監訳者］

岩壁 茂（いわかべ しげる）

カナダMcGill大学大学院カウンセリング心理学専攻博士課程修了。心理学博士（Ph.D.）。2000年札幌学院大学人文学部専任講師。2004年3月よりお茶の水女子大学大学院人間文化研究科助教授，2022年より立命館大学総合心理学部教授。専門分野は，心理療法のプロセス研究で，「人はどのように変わるのか」という変容プロセスに関する研究とプロセス研究に基づいた臨床指導を行っている。研究テーマは，感情と心理療法，セラピストの困難，心理療法における感情の変化，心理療法統合，臨床家の職業的成長と訓練である。

The Society for Exploration of Psychotherapy Integration理事長（2020），The society for Psychotherapy Research理事長（2024）。Counselling Psychology Quarterly共同編集長（2018〜現在）。

著書に『心理療法・失敗例の臨床研究──その予防と治療関係の立て直し方』（金剛出版），『プロセス研究の方法（臨床心理学研究法第2巻）』（新曜社），『はじめて学ぶ臨床心理学の質的研究──方法とプロセス』（岩崎学術出版社），編著書に『カウンセリングテクニック入門──プロカウンセラーの技法30』（金剛出版），編書に『臨床心理学スタンダードテキスト』などがある。

［訳者］

浅田仁子（あさだ きみこ）

お茶の水女子大学文教育学部文学部英文科卒。社団法人日本海運集会所勤務，BABEL UNIVERSITY講師を経て，英日・仏日の翻訳家に。

訳書に『ミルトン・エリクソンの催眠テクニックⅠ・Ⅱ』，『NLPヒーローズ・ジャーニー』（以上，春秋社），『パクス・ガイアへの道』（日本教文社），『強迫性障害の認知行動療法』，『セルフ・コンパッション［新訳版］』，『サイコロジカル・ファーストエイド──ジョンズホプキンス・ガイド』，『感じやすいあなたのためのスピリチュアル・セルフケア──エンパスとして豊かに生きていく』（以上，金剛出版）などがある。

マインドフル・セルフ・コンパッション
批判的な内なる声を克服する

2024年11月 1 日　印刷
2024年11月10日　発行

著者 ——— カレン・ブルース
監訳者 —— 岩壁 茂
訳者 ——— 浅田仁子

発行者 —— 立石正信
発行所 —— 株式会社 金剛出版
　　　　　〒112-0005 東京都文京区水道1-5-16　電話 03-3815-6661　振替 00120-6-34848

装丁◉臼井新太郎　　装画◉ヤギエツコ　　組版◉石倉康次　　印刷・製本◉シナノ印刷

ISBN978-4-7724-2067-9 C3011　　©2024 Printed in Japan

JCOPY 〈㈳出版者著作権管理機構 委託出版物〉
本書の無断複製は著作権法上での例外を除き禁じられています。複製される場合は，そのつど事前に，
㈳出版者著作権管理機構（電話03-5244-5088, FAX 03-5244-5089, e-mail: info@jcopy.or.jp）の許諾を得てください。

セルフ・コンパッション［新訳版］
有効性が実証された自分に優しくする力

［著］クリスティン・ネフ
［監訳］石村郁夫　樫村正美　岸本早苗
［訳］浅田仁子

A5判　並製　336頁　定価3,740円

セルフ・コンパッションの実証研究の先駆者であるK・ネフが，
自身の体験や学術的知見などを踏まえて解説した一冊。
新訳版で登場！

改訂増補
心理療法・失敗例の臨床研究
その予防と治療関係の立て直し方

［著］岩壁 茂

A5判　並製　320頁　定価4,620円

セラピストなら誰もが経験する心理療法の失敗という領域について，
実践と理論の両面から検討された
臨床・研究成果をまとめた一書。

ティーンのための
セルフ・コンパッション・ワークブック
マインドフルネスと思いやりで，ありのままの自分を受け入れる

［著］カレン・ブルース
［監訳］岩壁 茂　［訳］浅田仁子

B5判　並製　180頁　定価3,080円

強い怒り，失望，恥，孤独など，
さまざまな感情を抱える心の中を理解し，
それをうまく扱うためのセルフ・コンパッションの手引き。

価格は10％税込です。

愛着トラウマケアガイド
共感と承認を超えて

[監修]岩壁 茂
[著]工藤由佳

A5判　並製　240頁　定価3,520円

幼少期の愛着トラウマを安全基地で癒し，
変わりゆくクライエントをサポートする，
事例と逐語でわかりやすい「トラウマケアガイド」。

コンパッション・マインド・ワークブック
あるがままの自分になるためのガイドブック

[著]クリス・アイロン　エレイン・バーモント
[訳]石村郁夫　山藤奈穂子

B5判　並製　384頁　定価3,960円

コンパッション・マインドを育てる
具体的なステップと方法が学べる，
コンパッション・フォーカスト・セラピーの実践「ワークブック」。

トラウマへの
セルフ・コンパッション

[著]デボラ・リー　ソフィー・ジェームス
[訳]石村郁夫　野村俊明

A5判　並製　284頁　定価4,180円

トラウマを克服し，
望ましい人生を手に入れるための実践的な方法を，
多くの事例とエクササイズを通して紹介する。

価格は10％税込です。

私をギュッと抱きしめて
愛を取り戻す七つの会話

[著]スー・ジョンソン
[訳]白根伊登恵　[監修]岩壁 茂

四六判　並製　280頁　定価3,740円

綻んだ絆の結び直し──。
それは簡単な所作だが，二人だけの深遠な共同作業。
彼らが求めるのは決して失敗しない確かなケアの手法だ。

自尊心を育てるワークブック
［第二版］
あなたを助けるための簡潔で効果的なプログラム

[著]グレン・R・シラルディ
[監訳]高山 巖　[訳]柳沢圭子

B5判　並製　240頁　定価3,520円

大幅改訂による［第二版］全米で80万部を超えるベストセラー！
健全な「自尊心」を確立するための段階的手順を紹介した
最良の自習書。

カップルのための感情焦点化療法
感情の力で二人の関係を育むワークブック

[著]ベロニカ・カロス＝リリー　ジェニファー・フィッツジェラルド
[監訳]岩壁 茂　[訳]柳沢圭子

B5判　並製　280頁　定価4,180円

本書では「読む」，「考察する」，「話し合う」，
というプロセスをくり返しながら，
2人の心のつながりを強めていくことを目指す。

価格は10%税込です。